Desafios ao educador contemporâneo:
perspectivas de Paulo Freire sobre a ação pedagógica de professores

Desafios ao educador contemporâneo:
perspectivas de Paulo Freire sobre a ação pedagógica de professores

Acyr de Gerone Junior

EDITORA intersaberes

Rua Clara Vendramin, 58. Mossunguê
CEP 81200-170. Curitiba. PR. Brasil
Fone: (41) 2106-4170
www.intersaberes.com
editora@editoraintersaberes.com.br

Conselho editorial
Dr. Ivo José Both (presidente)
Dr.ª Elena Godoy
Dr. Nelson Luís Dias
Dr. Neri dos Santos
Dr. Ulf Gregor Baranow

Editor-chefe
Lindsay Azambuja

Supervisora editorial
Ariadne Nunes Wenger

Analista editorial
Ariel Martins

Preparação de originais
Entrelinhas Editorial

Capa
Design Fabio Vinicius da Silva
Imagem Shutterstock

Projeto gráfico
Bruno Palma e Silva

Adaptação de projeto gráfico
Sílvio Gabriel Spannenberg

Diagramação
Sincronia Design

Iconografia
Vanessa Plugiti Pereira

Dados Internacionais de Catalogação na Publicação (CIP)
(Câmara Brasileira do Livro, SP, Brasil)

Gerone Junior, Acyr de
  Desafios ao educador contemporâneo: perspectivas de Paulo Freire
sobre a ação pedagógica de professores/Acyr de Gerone Junior.
Curitiba: InterSaberes, 2016.

  Bibliografia.
  ISBN 978-85-443-0368-9

  1. Didática 2. Educação – Finalidades e objetivos 3. Freire, Paulo,
1921-1997 4. Pedagogia 5. Professores – Formação I. Título.

15-10947 CDD-370.1

Índices para catálogo sistemático:
1. Prática docente: Pedagogia freiriana: Educação 370.1

1ª edição, 2016.
Foi feito o depósito legal.

Informamos que é de inteira responsabilidade do autor a emissão
de conceitos.
Nenhuma parte desta publicação poderá ser reproduzida por qualquer
meio ou forma sem a prévia autorização da Editora InterSaberes.
A violação dos direitos autorais é crime estabelecido na Lei
n. 9.610/1998 e punido pelo art. 184 do Código Penal.

Sumário

Agradecimentos, 9

Prefácio, 13

Apresentação, 17

Introdução, 23

1. Por que Paulo Freire?, 30
   1.1 Paulo Freire: sua vida, um exemplo, 33
   1.2 Paulo Freire: suas obras, um legado, 37

2. Paulo Freire e sua influência: da ação pedagógica à gestão educacional, 42

3. O educador é libertador, 52

4. A conscientização crítica move o educador, 64

5. O educador é esperançoso, 70

6. O educador sabe criar e construir, 76

    6.1 Desenvolvimento de uma reflexão crítica sobre a prática, 80

7. O educador ousado vence o medo, 84

8. A importância do educador, 90

9. O educador é autônomo, 96

10. O educador é ético, 104

11. O educador é amoroso, 114

12. O educador sabe dialogar, 120

13. O educador sabe contextualizar, 130

    13.1 Ação educacional condicionada, nunca determinada, 137

    13.2 Leitura do mundo, leitura das palavras, 139

14. O educador para uma educação em novos tempos, 146

15. O educador contribui com a transformação social, 156

Considerações finais, 163

Referências, 169

Sobre o autor, 181

Parte desta obra é fruto de uma dissertação de mestrado em Educação na Universidade Federal do Pará (UFPA), publicada na íntegra pela Novas Edições Acadêmicas sob o título *Paulo Freire e ação pedagógica de professores ribeirinhos da Amazônia: um estudo de caso do Projeto Escola Açaí* (Saarbrucken, Alemanha: Novas Edições Acadêmicas, 2014).

À minha esposa, Tânia Cristina da Luz Arevalo de Gerone, que abriu mão de seus sonhos e de sua carreira profissional para se dedicar à árdua tarefa de educar nossos dois filhos: Acyr de Gerone Neto e Isabella Arevalo de Gerone. Para muito além da sua formação como pedagoga, vejo os princípios aplicados neste livro em cada atividade que ela realiza.
Dedico este livro a você, minha querida!

Agradecimentos

De fato, não vivemos de forma isolada. Somos e estamos cercados por pessoas em todos os momentos da vida e em todos os lugares. Algumas dessas pessoas nos influenciam, nos ajudam, nos entendem, nos corrigem, nos animam, enfim, fazem parte de nossa vida. Não importa onde estamos ou o que estamos fazendo, o fato é que, se somos o que somos e fazemos o que fazemos, é porque alguém contribuiu para que alcançássemos essa etapa da vida.

Agradeço, em primeiro lugar, a Deus, que amo e a quem vivo para servir. Ele é a fonte primeira e última de tudo o que sou e faço. Ele me amou desde a fundação do mundo e proporcionou caminhos maravilhosos que eu não imaginava. No intuito de externar minha gratidão, ouso usar as palavras do apóstolo Paulo em sua Carta aos Romanos (Bíblia NTLH, 2005, Romanos, 11: 36): "Pois todas as coisas foram criadas por Ele, e tudo existe por meio d'Ele e para Ele. Glória a Deus para sempre! Amém!".

Se existe um "refúgio secreto" para onde corremos diariamente, esse lugar é o seio familiar. Nossos familiares estão conosco em todos os momentos, bons ou ruins. Agradeço à minha amada esposa Tânia, pelo carinho e pela compreensão nesta minha aventureira trajetória de pesquisador/escritor. De outro lado, agradeço aos meus lindos e carinhosos filhos, Acyr Neto e Isabella, meus companheirinhos em todos os momentos, pela compreensão de minha ausência como pai enquanto precisava ler e estudar. Amo vocês! Por último, porém não menos importante, agradeço aos meus pais, Acyr (o primeiro) e Sandra. Eles me criaram e me educaram sob o temor de Deus e com respeito às pessoas. Além disso, sempre me incentivaram a estudar mais e mais.

Agradeço, também, aos professores do Programa de Pós-Graduação em Educação da Universidade Federal do Pará, que me auxiliaram na trajetória do mestrado. Para tanto, cito-os, um por um, pois todos fizeram uma diferença maravilhosa e significativa em minha concepção de vida e de ser humano: Ivany Pinto do Nascimento, Marilena Loureiro da

Silva, Vera Lucia Jacob Chaves, Sônia Maria da Silva Araújo, Laura Alves, Paulo Sérgio de Almeida Corrêa, Rosana Maria de Oliveira Gemaque e, por último, meu orientador, professor Salomão Antonio Mufarrej Hage. A este último, meus sinceros agradecimentos pela compreensão, paciência e contribuição acadêmica.

Dedico, enfim, meus sinceros agradecimentos a todos que me ajudaram nessa fase da minha vida. Nossa trajetória educacional não é diferente da trilha percorrida em nossa vida. Portanto, a conclusão desta obra só foi possível porque essas (e outras) pessoas me ajudaram a chegar até aqui! Na verdade, é uma caminhada que nunca se caminha só...

Meu desejo é o de que este livro possa contribuir pelo menos um pouco com o professor em sua docência. Ser professor não é fácil, e as condições atuais (que insistem em querer se perpetuar) constituem um grande desafio. O fato é que precisamos de professores. O educador, obviamente, não resolverá todos os problemas, mas contribuirá para que uma nova realidade seja possível. Por isso, com esperança, amor e os temas a que recorro neste livro, espero que juntos possamos prosseguir para uma realidade educacional de esperança e transformação. Eis o desafio aos nossos professores contemporâneos!

Boa leitura a todos!

Acyr de Gerone Junior
Rio de Janeiro, junho de 2015.

"Eduque a criança no caminho em que deve andar, e até o fim da vida não se desviará dele." (Bíblia NTLH, 2005, Provérbios, 22: 6)

"Não estou pensando que educadores e educadoras devam ser santos, perfeitos. É exatamente como seres humanos, com seus valores e suas falhas, que devem testemunhar sua luta pela seriedade, pela liberdade, pela criação da indispensável disciplina de estudo de cujo processo devem fazer parte como auxiliares, pois que é tarefa dos educandos gerá-la em si mesmos." (Freire, 2009, p. 54-55)

Prefácio

Falar em **Paulo Freire** na atualidade e refletir sobre a proposta freireana de educação remete à importância de apostar na materialização de uma **educação problematizadora**, que valoriza a pergunta e estimula a curiosidade e a criticidade no processo educativo que se efetiva tanto na escola como em todos os espaços educativos sociais existentes.

Paulo Freire propôs uma **educação libertadora**, referenciada por uma **pedagogia do oprimido** que concebe a educação como uma **ação cultural para a liberdade**, um instrumento poderoso de luta contra a opressão e a exploração dos seres humanos, um instrumento capaz de preparar os sujeitos para lutar pela garantia dos direitos humanos e sociais e pela emancipação social.

Na **educação problematizadora**, a educação estimula a reflexão (problematização) e a ação dos homens sobre sua realidade concreta e não é entendida como transferência ou transmissão do saber ou da cultura, como o ato de depositar informes nos educandos, nem como o esforço de adaptação do educando a seu meio (educação bancária).

Na **educação problematizadora**, o ato de conhecer não é um ato isolado, individual. Conhecer envolve intercomunicação, intersubjetividade. É por meio da intersubjetividade do conhecimento que o ato pedagógico se constitui num ato essencialmente dialógico.

Na **educação problematizadora**, o diálogo é entendido como algo que faz parte da própria natureza histórica dos seres humanos; é o caminho para nos tornarmos seres humanos. Pelo diálogo, refletindo juntos sobre o que sabemos e sobre o que não sabemos, podemos atuar criticamente para transformar a realidade.

Na **educação problematizadora**, o educador não é o que apenas educa, mas o que, enquanto educa, é educado, em diálogo com os educandos, que, ao serem educados, também educam. Ambos, assim, tornam-se sujeitos do processo em que crescem juntos... Não mais educador dos educandos, não mais educandos do educador, mas educador-educando com educandos-educadores.

A **educação problematizadora** pretende superar as práticas bancárias de educação, em que o educador, como sujeito do processo, define os conhecimentos que devem ser aprendidos pelos educandos.

A **educação problematizadora** aponta para o rompimento de várias formas de fragmentação muito frequentes no processo educativo, fragmentação que se manifesta entre:
- a escola e a comunidade;
- os diversos sujeitos que participam do processo educativo;
- o discurso teórico e a prática real dos sujeitos;
- os saberes populares, da tradição e os conhecimentos científicos.

Por todas essas razões, a proposta de educação de Paulo Freire se assume como uma **pedagogia da esperança**, que se compromete com a transformação da sociedade, com o sonho político de uma sociedade democrática, plural, ética, justa e igualitária.

Nesse sentido, o livro *Desafios ao educador contemporâneo: perspectivas de Paulo Freire sobre a ação pedagógica de professores* representa um convite aos educadores, à comunidade acadêmica e à sociedade em geral a conhecer com mais profundidade a práxis de Paulo Freire, ou seja, suas reflexões filosóficas, pedagógicas e políticas presentes em suas atitudes repletas de amorosidade, humildade, ética e autonomia.

Escrito por **Acyr de Gerone Junior**, um jovem pesquisador a quem eu tive a satisfação de orientar em sua dissertação de mestrado na Universidade Federal do Pará, o livro compartilha muitos e interessantes conhecimentos, saberes e experiências adquiridos com uma pesquisa realizada com educadores e educadoras ribeirinhos do interior de nossa extensa Amazônia.

O acesso a essas reflexões pode contribuir muito para a formação e o reencantamento do trabalho docente de milhões de professores e professoras que atuam nas escolas de educação básica e nos diversos espaços formativos de nosso país.

Boa leitura a todos!

Prof. Dr. Salomão Antonio Mufarrej Hage*

---

* Professor do Instituto de Ciências da Educação da Universidade Federal do Pará. Coordenador do Grupo de Estudo e Pesquisa em Educação do Campo na Amazônia (Geperuaz). Integra a Coordenação do Fórum Paraense de Educação do Campo.

Apresentação

A realidade presente no cotidiano da vida do professor é preocupante. São muitas aulas, muitos alunos, muitas necessidades, muito controle e, não raras vezes, pouco apoio, pouca estrutura, poucos recursos e poucos professores, o que origina, por vezes, uma profunda crise de identidade docente (Freire; Schor, 1986; Gadotti, 2007; Bertolini, 2010). Apesar de todos os esforços empreendidos em diversos setores da sociedade, é possível perceber que o ato educativo ainda apresenta sérias questões que nos preocupam.

É por isso que, de forma esperançosa, esta obra, como fruto de uma pesquisa de mestrado que analisou a ação pedagógica de professores, pretende, humildemente, auxiliar na caminhada dos docentes. Trata-se, de fato, de breves reflexões com base em alguns pressupostos freireanos que apontam para um caminho pedagógico em que seja possível ensinar com significativa perspectiva de transformação da sociedade atual para um mundo melhor.

O título desta obra desafia o professor, porém, vale esclarecer, não se limita a ele. No decorrer do livro, o leitor perceberá que a relação educador-educando é fundamental na busca de uma educação transformadora. Aliás, este é um pressuposto fundamental para Freire, afinal, ninguém educa sozinho, ninguém educa a si mesmo, pelo contrário, os seres humanos se educam entre si, mediatizados pelo mundo. Nesse sentido, este livro se destina a todos os que lutam e esperam por uma educação melhor; é, portanto, para todos os envolvidos com a educação. Todos, de fato, são responsáveis pelo seu êxito ou pelo seu fracasso. Assim, esta obra se direciona à comunidade escolar, formada por educadores, alunos, diversos profissionais que trabalham na escola, bem como pais ou responsáveis pelos educandos.

No primeiro capítulo, apresentamos, de forma simples e objetiva, quem é Paulo Freire e por que o escolhemos como referencial teórico para esta obra, considerando que sua vida como educador (entre outros aspectos) foi um exemplo e suas obras constituem um legado à educação brasileira. Aliás, não há como falar sobre educação no Brasil sem perpassarmos, necessariamente, pelas ações e contribuições desse exímio educador. Ainda nessa mesma perspectiva, no segundo capítulo, apontamos quanto a influência de Paulo Freire foi significativa em diversos setores da sociedade, desde a ação pedagógica até a gestão em muitos municípios brasileiros. Tais influências continuam e ampliam-se cotidianamente.

Em seguida, iniciamos as reflexões sobre alguns pressupostos freireanos que permeiam a educação com o referencial freireano. No terceiro capítulo, abordamos um tema importante em Freire: a educação libertadora. O desafio ao educador, nesse sentido, é não exercer uma educação bancária; antes, pelo contrário, deve educar para a liberdade de ambos, isto é, a libertação do educador-educando. Partindo desse pressuposto, no quarto capítulo, ressaltamos a importância de que o educador seja instigado por uma consciência crítica, não aceitando, de forma passiva, a realidade opressora. A conscientização é necessária e será por meio dela que o educador realizará uma educação esperançosa.

A esperança é o tema recorrente no quinto capítulo, afinal, se o educador não tiver esperança, dificilmente realizará uma educação libertadora e transformadora. O educador compreende, nesse sentido, que, apesar das dificuldades, as coisas não estão predeterminadas; há, de fato, esperança. E, se há esperança, é possível realizar uma educação criativa e construtiva. Considerando-se que o ser humano está inacabado, é necessário que o educador saiba construir seu ato educativo de forma criativa mediante uma reflexão crítica sobre sua prática docente. Este é o tema trabalhado no sexto capítulo.

Tendo em conta que o medo, o temor, a preocupação, entre tantos outros aspectos inquietantes, desafiam o professor, no sétimo capítulo, tratamos da importância de que o educador ousado vença o medo. Essa questão, como será possível perceber, é tão relevante para Freire que foi tema de uma de suas obras. O autor demonstra que é possível vencer tais desafios ressaltando-se a importância do educador. Analisamos esse tema no oitavo capítulo, destacando que, se queremos uma sociedade melhor, precisamos dar o devido valor aos nossos educadores.

A autonomia do educador é o tema do nono capítulo. A autonomia é fundamental no ato educativo, pois representa a liberdade que o educador precisa ter para realizar uma educação transformadora. No entanto, não se trata de uma autonomia que o leve ao isolamento; pelo contrário, como educador autônomo, ele será, também, um educador ético, responsável – reflexão apresentada no tema do décimo capítulo. Para Freire, tão importante quanto a formação acadêmica do educador é a responsabilidade ética pela qual ele deve exercer sua docência. Sem ética, ele corre o risco de perder os referenciais que o fazem trilhar uma educação esperançosa e amorosa. Por isso, no décimo primeiro capítulo, refletimos sobre o educador amoroso – amor que envolve ações, postura, conceitos, responsabilidade etc. Sem amor, não há como ocorrer uma educação libertadora.

No décimo segundo capítulo, examinamos outro tema de fundamental importância para Freire: o diálogo. Segundo o autor, não há como iniciar, desenvolver ou concluir uma educação se esta não for dialógica. Tal pressuposto é fundamental numa realidade educacional em que nos acostumamos com uma pessoa falando (impondo) e a outra, passivamente, ouvindo (recebendo). Sem o diálogo, o educador não compreenderá o educando, não conhecerá suas necessidades e sua realidade e, assim, não possibilitará uma educação contextualizada. A contextualização, nesse sentido, é tema do décimo terceiro capítulo. Para Freire, apesar dos condicionamentos existentes, a educação não deve ser determinada. Pelo contrário, deve fazer o educador-educando ler o mundo antes das palavras.

No décimo quarto capítulo, analisamos sobre a realidade de uma educação em tempos mais modernos, em que a tecnologia e a revolução digital fazem parte do cotidiano do educador-educando. Para Freire, o educador deve realizar uma educação atual, que vá ao encontro de todos os recursos possíveis, contribuindo, assim, para uma verdadeira transformação. Nesse sentido, no décimo quinto capítulo, refletimos sobre uma ação educacional que contribua para a transformação social. A educação, para Freire, é um meio de intervenção social e, portanto, necessária no ato educativo.

Como é possível constatar, são temas que permeiam a realidade educacional e, assim, são, sem dúvida, desafios para o educador contemporâneo.

Introdução

Estudos sobre a ação pedagógica têm se ampliado muito nas últimas décadas. Tais avanços são relevantes e geram contribuições para a sociedade, em especial, para o processo ensino-aprendizagem. As novas realidades, e também as reformas de ensino, têm suscitado grandes discussões quanto ao rumo da formação do professor e às dimensões dessa formação em seus aspectos técnico-científico, pedagógico, político e humano. Tais discussões justificam a necessidade constante de debates, estudos e pesquisas sobre a formação que vem sendo oferecida aos professores e como essa formação é materializada na realidade da sala de aula.

Essas discussões polêmicas apontam para um assunto importante, que é a necessidade da reflexão sobre o saber-fazer do professor em sua ação pedagógica. Historicamente, a formação oferecida, na maioria das vezes, valorizava o acúmulo de conhecimentos, a realização de cursos, o oferecimento de dicas de planejamento, entre outros aspectos, para que, assim, o professor administrasse melhor as dificuldades enfrentadas na sala de aula. Freire destaca que, invariavelmente, "os professores se interessam mais pela prática do que pela teoria" (Freire; Schor, 1986, p. 12), não atentando para a importância de um trabalho de reflexão crítica sobre as práticas docentes realizadas e fundamentadas no aspecto teórico. O ideal é quando

> o professor pesquisador procura saber o pensamento do aluno e o coloca em discussão para possibilitar a construção de um conhecimento mais consistente, mais defensável, mais útil para a tomada de decisões. [...] A melhor maneira de fazê-lo é a reflexão sobre a própria prática, ou sobre as transformações causadas em nossas salas de aula a partir de nossas atividades. (Maldaner, citado por Aragão; Gonçalves, 2004, p. 122)

Nesse sentido, Paulo Freire lembra que "a reflexão crítica se torna uma exigência da relação teoria e prática sem a qual a teoria pode ir virando blá-blá-blá e a prática, ativismo" (Freire, 1996, p. 22). Talvez seja essa uma das razões pelas quais muitos professores enfrentam sérias dificuldades no exercício de sua docência. Percebem-se, muitas vezes, sem alternativa e sentem-se frustrados, decepcionados, sem solução para determinados problemas com que se defrontam na prática educativa (Nunes, 2004; Gadotti, 2007). Sentem-se, ainda, na obrigação de repassar conteúdos que, não obstante, estão muito distantes da realidade dos alunos e do próprio professor. Tais percepções corroboram a perda da autonomia, tão necessária à prática educativa.

Em contrapartida, abordar a ação pedagógica dos professores significa refletir sobre a necessidade de articulação entre teoria e prática, compreendendo a trajetória pessoal e profissional vivenciada no contexto da sala de aula como possibilitadora de aprendizagens sobre a vida e a profissão (Nunes, 2004). Representa, ainda, entender que a experiência docente configura-se como importante elemento no processo de desenvolvimento pessoal e profissional do educador-educando e do educando-educador.

Constata-se, então, que a ação pedagógica é um grande desafio no contexto atual e, por essa razão, os estudos sobre a formação docente têm avançado e apontam para novas questões de investigação, sugerindo, inclusive, que os processos formativos devem incorporar o diálogo com as práticas docentes desenvolvidas nas escolas. Desse modo, as pesquisas atualmente estão marcadas por enfoques que privilegiam a ação pedagógica e os saberes dos professores; despontam na literatura estudos que valorizam os saberes da experiência, apresentando como novo paradigma formativo a perspectiva reflexiva.

É nesse sentido que ressaltamos a importância de se aprofundarem estudos que investiguem a ação pedagógica, contribuindo, se possível, com saberes que possam ser praticados pelo professor na vivência das salas de aula. É fundamental, também, compreendermos a importância da ação pedagógica em sua relação com os contextos histórico, social e cultural em que se realiza essa prática. Assim, não há dúvidas de que os pressupostos freireanos são mais do que atuais e devem ser refletidos na ação pedagógica hodierna.

Organização didática num mosaico de múltiplas relações

Várias categorias são contempladas por Freire em suas obras. Aspectos como diálogo, libertação, contextualização, ousadia, ética, amor, entre outros, são assuntos constantemente abordados. Essas expressões caracterizam um estilo inerente ao autor. É impossível separar, dicotomizar, fragmentar ou dividir tais conceitos. Todas as categorias estão sempre em relação; portanto, se "tomadas isoladamente não dizem nada do método" (Freire, 2011, p. 13).

Trata-se, dessa maneira, de um mosaico de múltiplas relações, de um vaivém dos seus temas. Às vezes, pode parecer repetitivo e/ou redundante, uma vez que Freire nunca parte do zero. Suas ideias, sempre em relação, são retomadas, aprofundadas e desenvolvidas constantemente (Souza, 2010). A repetição existe, mas ela é intencional, pois "nenhuma palavra é, em seu texto, colocada ao acaso, nenhuma expressão é injustificada, assim como nenhuma repetição é redundante, excessiva ou desnecessária" (Vasconcelos; Brito, 2009, p. 22).

É por isso que, enquanto se fala, por exemplo, sobre uma educação libertadora, torna-se necessário falar sobre o diálogo. Quando se fala do diálogo, este surge porque houve uma postura ética. Se há ética, é porque foi fundamentada no amor. O amor só se concretiza porque realiza uma educação libertadora. Enfim, como podemos perceber, os temas estão em relação, são interdependentes, indissociáveis.

A concepção de educação para Freire é abrangente e vai além dos ambientes escolares. I. A. Oliveira (2003) indica que, em Freire, educação é um ato político; é um processo de conscientização crítica; é um ato libertador; é um ato que pretende a humanização; é um ato de problematização e transformação da realidade social; é um ato de respeito, ética e compromisso; é um ato de indignação e esperança, tornando-se, assim, "uma pedagogia do oprimido, instrumento de desalienação e de libertação de homens e mulheres que passam a refletir sobre a sua condição de explorados" (p. 25), passando, então, a ser sujeitos, e não mais meros receptores da educação.

Ratifica-se, dessa forma, a importância da concepção dialética, própria de Paulo Freire. Ele, nas próprias palavras, destaca que "é preciso deixar claro que, em coerência com a posição dialética em que me ponho, [...] percebo as relações mundo-consciência-prática-teoria-leitura-do-mundo-leitura-da-palavra-contexto-texto" (Freire, 2000b, p. 106). Portanto, a dialética para Freire se estabelece na relação dos seres humanos, entre si e com o mundo, e é essa relação que "possibilita a sua característica existencial de 'sujeito' do conhecimento, da história e da cultura. É um sujeito que existe no mundo e com o mundo, [...] situado em um contexto histórico-social estabelecendo relações dialéticas com os outros seres" (Oliveira, I. A., 2003, p. 23).

É com base nessa concepção que, então, pretendemos discorrer sobre algumas categorias inerentes a Paulo Freire na perspectiva da ação pedagógica e de seu legado para o ato educativo, com ciência, no entanto, de que, apesar de uma divisão capitular necessária, com fins estéticos e didáticos, as categorias estão sempre em relação e inter-relação. Assim, quando discorremos sobre um aspecto, certamente outros serão contemplados, concomitantemente.

Capítulo um

Por que Paulo Freire?

Em áreas como a educação, a pesquisa é fundamental. Nessa lógica, ela deve ultrapassar o entendimento que está posto. Gatti (2002, p. 10) ressalta que as pesquisas devem proporcionar "um conhecimento que obtemos indo além dos fatos, desvendando processos, explicando consistentemente fenômenos".

Seguindo essa ideia, a produção de conhecimento tem o dever de contribuir com possíveis explicações e soluções para problemas decorrentes do cotidiano da sociedade atual. Nesse sentido, Gatti (2002, p. 12) ainda destaca que "pesquisar em educação significa trabalhar com algo relativo a seres humanos ou com eles mesmos". Podemos perceber, então, que pesquisas sérias e relevantes devem ser produzidas, e a educação tem se mostrado um campo vasto e produtivo para tais investigações.

O trabalho docente no Brasil emergiu como objeto de estudo nas pesquisas educacionais a partir de fins da década de 1970, conforme aponta D. A. Oliveira (2003). Nesse ínterim, a produção cresceu e se diversificou, analisando-se esse tema em contraste com a gestão escolar, com a organização do trabalho e da prática pedagógica, com a polêmica sobre o lugar de classe dos professores, entre outros temas.

Não obstante, os estudos sobre a temática foram influenciados pelas perspectivas de análise mais influentes em cada momento histórico. Se em fins das décadas de 1960 e 1970 e início dos anos 1980 as pesquisas versavam, fundamentalmente, sobre o *status* de classe do professor (proletário *versus* burguês, trabalho produtivo *versus* trabalho improdutivo), refletindo a autoridade e a disseminação da perspectiva marxista, em fins dos anos 1980 e durante os anos 1990, boa parte dos estudos centrou-se na formação dos professores a respeito das relações étnicas, de gênero e cultura (Hypólito, 1994).

Assim, investigar a ação/prática pedagógica em suas manifestações concretas foi fundamental para entender e propor alternativas aos problemas educacionais sob todos os seus aspectos, pois não há escola nem ensino sem professor.

Ao mesmo tempo, no final da década de 1960, surgiu no Brasil um educador que contribuiu significativamente para a educação brasileira, não se limitando, porém, a ela, mas influenciando toda uma geração de educadores pelo mundo inteiro.

De fato, quando se trata do ato educativo no Brasil, é importante considerarmos as concepções freireanas de educação. Paulo Freire marcou e fez história. Seus pensamentos estão imbricados por toda a educação brasileira, por grupos de estudos, práticas e políticas educacionais. E não somente estas, mas diversas áreas do conhecimento são influenciadas por suas proposições. Suas ideias, sempre atuais e passíveis de contextualização, romperam muitos paradigmas e proporcionaram reflexões sobre a forma de conceber e fazer educação no Brasil.

Antes de adentrarmos os conceitos freireanos, e mesmo sob o risco de uma possível redundância, é pertinente examinarmos em mais detalhes, neste primeiro capítulo, quem é Paulo Freire, sua vida, sua obra e o contexto histórico no qual escreveu, para, assim, entendermos com maior profundidade a significância de suas obras quando relacionadas ao tema proposto neste livro.

1.1 Paulo Freire: sua vida, um exemplo

Considerado por muitos, dentro e fora do Brasil, um ícone, Freire foi lido, interpretado e comentado por muitos autores. Há muito escrito por ele, sobre ele e com ele. **Paulo Reglus Neves Freire**, mais conhecido como Paulo Freire, nasceu em Recife, no dia 19 de setembro de 1921. Principalmente em sua infância, Freire vivenciou de perto a miséria brasileira, mais precisamente em seu próprio contexto, isto é, a pobreza nordestina. Passou por períodos de fome durante a depressão que assolou o país em 1929. Essa realidade tão sofrida contribuiu para que, mais tarde, Paulo Freire se preocupasse com os oprimidos (Almeida, 2009; Souza, 2010).

Sua trajetória é marcada por suas contribuições como filósofo e educador. Seu trabalho na área da educação popular, envolvendo aspectos escolares e políticos, tornou-o referência no Brasil e no mundo. Freire elaborou uma concepção de educação que abrange desde a criança na mais tenra idade até adultos ainda não alfabetizados, numa relação dialética – valorizando e defendendo o diálogo com todas as pessoas, não importa quem elas sejam ou onde estejam (Souza, 2010).

Paulo Freire é apontado como um dos pensadores mais importantes na história da educação, tendo contribuído expressivamente para o movimento da teoria/pedagogia crítica. Sua forma de ser e ensinar fundamentava-se na perspectiva de que o educando obteria um verdadeiro aprendizado ao se estabelecer uma relação com seu cotidiano, numa prática dialética com a realidade, radicalmente contrária ao que ele denominou de educação bancária, que se fundamenta em aspectos tecnicistas e incentiva a alienação do indivíduo (Brandão, 2005).

Uma de suas primeiras experiências, em que ele pôde colocar em prática sua proposta educacional, ocorreu no Rio Grande do Norte, em 1962, quando ensinou 300 cortadores de cana a ler e a escrever em 45 dias, na cidade de Angicos. Tal experiência, validada por resultados significativos, permitiu que sua metodologia fosse considerada um processo inovador de alfabetização para a época (Oliveira, I. A., 2003; Brandão, 2005).

Sua trajetória acadêmica teve início na Faculdade de Direito, sem, porém, deixar de ampliar seu conhecimento, dedicando-se, concomitantemente, aos estudos de Filosofia da Linguagem. Apesar da formação, sua tentativa de exercer a profissão como advogado foi frustrante. Seu primeiro e único cliente, um dentista endividado, foi alvo de sua compaixão pelo oprimido. Por isso, preferiu trabalhar como professor numa escola de segundo grau (atual ensino médio), lecionando Língua Portuguesa (Souza, 2002; Souza, 2010).

Na área profissional, Freire trabalhou em alguns departamentos nas esferas governamentais e acadêmicas (universidades), assumindo diversas funções que contribuíram significativamente para que ele obtivesse mais experiência em sua caminhada (Souza, 2010).

Casou-se, em 1944, com Elza Maia Costa de Oliveira, que, como ele, também era professora. Juntos, eles tiveram cinco filhos. Para sua tristeza, em 1986, Elza faleceu. Dois anos depois, Freire casou-se com uma conterrânea, Ana Maria Araújo (conhecida como Nita), que, além de conhecida por Freire desde a infância, era filha de um dos proprietários de uma escola onde lecionara e foi sua orientanda no Programa de Mestrado da Pontifícia Universidade Católica de São Paulo – PUC-SP (Oliveira, I. A., 2003; Souza, 2010).

Paulo Freire sempre afirmou que não há neutralidade na educação; sempre há uma intenção, um projeto, um ato político (Freire, 1996). Dessa forma, para ele, não há educação sem participação e militância política (não, necessariamente, partidária). É por isso que seu projeto educacional esteve vinculado ao nacionalismo desenvolvimentista do governo João Goulart. Foi justamente na participação desse governo que Paulo Freire foi convidado a coordenar e desenvolver um Plano Nacional de Alfabetização, que tinha por objetivo uma grande e expressiva formação de educadores para a consequente implantação de 20 mil núcleos (círculos de cultura) nas diversas regiões brasileiras (Oliveira, I. A., 2003; Almeida, 2009; Souza, 2010).

Foi em razão desse envolvimento político que, em 1964 – pouco tempo depois de iniciar o projeto –, Freire sofreu com o início da ditadura militar, sendo preso por 70 dias, considerado traidor. Diante desse cenário, ele partiu para o exílio em países como Bolívia, Chile, Estados Unidos e Suíça (Souza, 2002).

Na Bolívia, ficou pouco tempo, visto que lá, como aqui, também houve ditadura militar. No Chile, realizou significativas experiências, trabalhando com pessoas ligadas à reforma agrária daquele país. Alguns anos depois, foi convidado para ser professor visitante na Universidade Harvard, nos Estados Unidos. Tal oportunidade proporcionou a Freire, além de muitas experiências no contexto educacional norte-americano, a possibilidade de trabalhar no Conselho Mundial de Igrejas (CMI). Desde então, atuando como consultor educacional no CMI, contribuiu para a reforma educacional em colônias portuguesas na África, em Guiné-Bissau e Moçambique (Souza, 2002; Oliveira, I. A., 2003).

Freire retornou ao Brasil em 1980, após a anistia concedida um ano antes aos exilados. Por meio de sua militância política, foi convidado a exercer o cargo de secretário da Educação na capital paulista, na gestão da prefeita Luiza Erundina (1989-1993), desempenhando a função entre 1989 e 1991. Durante sua gestão, criou o Movimento de Alfabetização (Mova), um modelo de programa público de apoio a salas comunitárias de educação de jovens e adultos (EJA), adotado até os dias atuais por vários municípios (Brandão, 2005; Souza, 2010).

Também no período pós-exílio, Freire exerceu a docência na PUC-SP, no Programa de Educação (área de Currículo), entre 1980 e 1997. Diante de significativa contribuição docente, mesmo após sua morte, a PUC-SP o homenageou, instituindo a Cátedra Paulo Freire, espaço constituído de um ambiente que instiga o desenvolvimento de pesquisas com base nos referenciais freireanos e suas implicações para a educação.

Paulo Freire morreu em São Paulo, depois de ter um ataque cardíaco, no dia 2 de maio de 1997, devido a algumas complicações advindas de uma operação de desobstrução de artérias (Oliveira, I. A., 2003; Souza, 2010). Sua trajetória, no entanto, ficou marcada para sempre na história e no imaginário da educação do século XX. Sua vida era e ainda é um exemplo. Seus pensamentos influenciaram diversas pessoas enquanto ele ainda era vivo e, nos dias atuais, sua vida e seus exemplos ainda exercem grande influência. Suas obras contribuem para que Paulo Freire continue atual e significativo para os oprimidos, fortalecendo a construção coletiva de uma educação anti-hegemônica, dialógica e revolucionária.

1.2 Paulo Freire: suas obras, um legado

Uma pesquisa na *web* fornecerá uma série incontável de dados e informações significativas sobre Paulo Freire. Entre outros, apresentam-se projetos, obras, relatos de experiências, influências e informações. sobre a vida do educador. Concomitantemente, inúmeras obras de Freire foram e estão sendo traduzidas para dezenas de idiomas. Hoje, vários institutos e cátedras sobre Paulo Freire surgem em diversos países do mundo, entre eles Brasil, Portugal, Espanha, Itália, Peru e Colômbia. De fato, segundo o Instituto Paulo Freire, já há uma rede internacional que integra pessoas e instituições, distribuídas em mais de 90 países, em todos os continentes, com o objetivo principal de dar continuidade a seu legado e reinventá-lo. Tais constatações asseguram-nos da influência que Paulo Freire exerceu e ainda exerce. Seus pensamentos, mesmo após sua morte, demonstram que, com seu trabalho, há esperança de construir uma pedagogia da libertação nos dias atuais.

Suas obras (Freire; Schor, 1986; Freire, 1996; Freire, 2011) invariavelmente contribuem para a perspectiva da educação popular, para a alfabetização e a conscientização política de sujeitos oprimidos e opressores; no entanto, não se limitam a esses campos. Ele, por si mesmo, escreveu mais de 20 obras. Todavia, como é próprio de seu pensamento, inúmeras outras existem numa relação dialógica com educadores brasileiros e estrangeiros (Freire; Schor, 1986; Gadotti, 2007). De fato, é difícil enumerar a quantidade de obras que destacam Freire e suas concepções de educação.

Freire escreveu sozinho, escreveu com outros e outros escreveram sobre ele e sua forma de pensar o ato educativo (Gadotti, 2007; Souza, 2010). Não pretendemos, aqui, de forma alguma esgotar o assunto. Aliás, parece impossível que isso ocorra quando se fala de Paulo Freire. A intenção é apontar, ainda que limitadamente, algumas de suas obras que marcaram uma geração e se constituem como referência necessária para a análise da ação dos educadores, foco deste livro.

Sem dúvida, sua obra mais importante foi *Pedagogia do oprimido**, escrita no exílio chileno. Freire propõe uma pedagogia relacional entre educador, educando e sociedade. Destaca-se o fato de que a obra é dedicada aos "oprimidos"; entretanto, não é para eles, mas deles, dado que são os autores do ato de aprender a ler e escrever (Freire, 2011). Aliás, Paulo Freire "nunca se propôs falar em nome do povo, mas

* Há indícios de que o livro *Pedagogia do oprimido* já tenha sido traduzido para mais de 20 idiomas; em inglês, já ultrapassou a tiragem de 500 mil exemplares.

construir as alternativas junto com ele" (Souza, 2010, p. 53). O livro continua notório entre educadores no mundo inteiro e é um dos fundamentos da pedagogia crítica.

Outras obras, escritas com base em suas experiências e nos contextos em que se encontrava, merecem destaque, entre elas: *Educação como prática da liberdade* (2000a), *Ação cultural para a liberdade* (1982), *Educação e mudança* (1981), *A importância do ato de ler* (1989), *Pedagogia da esperança: um reencontro com a pedagogia do oprimido* (2000b), *A educação na cidade* (1991) e *Política e educação* (2000c). De fato, é complicado definir e escolher, arbitrariamente, quais de suas obras são mais ou menos importantes. O fato é que em todas elas Freire parte de uma concepção do ato educativo voltado para o oprimido, para os "esfarrapados do mundo" (Freire, 1996, p. 14), na busca de uma educação que os liberte e os faça sujeitos do próprio saber.

Ressaltamos o fato de que, nas muitas obras de Paulo Freire, três focalizam, prioritariamente, a **temática da ação pedagógica**, a saber: *Medo e ousadia: o cotidiano do professor*, em coautoria com Ira Shor (1986), *Pedagogia da autonomia: saberes necessários à prática educativa* (1996) e *Professora sim, tia não: cartas a quem ousa ensinar* (2009). No entanto, mesmo assim, em outras obras, Paulo Freire destaca o processo educativo de forma dialética, relacional, envolvente, integrada, que abrange uma pluralidade de fatores, entre eles a ação pedagógica. Podemos, então, ler seus princípios e concepções considerando uma releitura do, para e com o professor em sua tarefa educativa.

Não devemos esquecer que outros autores leem e releem Paulo Freire, realizando, por seus escritos, inúmeras inferências sobre o ato educativo. Entre tantos, uma parte está devidamente relacionada nas referências.

Diante de tudo isso, podemos arriscar uma resposta ao questionamento inicial: Por que Paulo Freire? De fato, não existe uma resposta suficiente que contemple a importância de Freire na educação. De forma simples, porém, podemos afirmar que ele se tornou uma inspiração para uma geração de professores, especialmente em países latinos e africanos, e é, portanto, com base em suas reflexões que nos próximos capítulos pretendemos apreender como Freire percebia a ação pedagógica e a forma que ele, dialogicamente, desenvolveu essa ação e aplicou-a numa caminhada coletiva, com o professor, e não para ele. Afinal, é uma educação que não se pode desenvolver no "isolamento, no individualismo, mas na comunhão, na solidariedade dos existires" (Freire, 2011, p. 105).

Capítulo dois

Paulo Freire e sua influência: da ação pedagógica à gestão educacional

O cotidiano do professor está repleto de desafios e conflitos. Em diálogos constantes com esse profissional, é possível ouvir frases e expressões que se baseiam no fato de que não é fácil ser professor. Concomitantemente, a cada dia se exige mais dessa figura, demandando dela resultados significativos e inovadores no ato educativo.

Diante de tais desafios, a pedagogia freireana tem muito a contribuir; afinal, aponta para um professor que, como ser histórico, se refaz/reconstrói constantemente em uma relação dialética com o mundo onde vive. Paulo Freire fez história com sua maneira de ser e pensar a educação. Suas ideias, portanto, servem a todos como orientação à ação pedagógica nos dias atuais. Souza (2002, p. 31) destaca que, "sem medo de errar, posso afirmar que Paulo Freire é um *modus vivendi et operandi educacionis*. Ser educador, pedagogo e ser gente, em Paulo Freire, é uma mesma realidade".

Nesse sentido, os pressupostos da educação freireana instigam o professor a adotar certa postura, a assumir uma forma de ser e, é claro, a cultivar certos saberes necessários a uma ação pedagógica transformadora e libertadora que possa superar possíveis dificuldades inerentes ao trabalho docente. De fato,

> O que você ouve muito dos professores é que eles estão sempre correndo para dar a matéria, para dar o programa, para terminar o básico ou o fundamental. Eles são oprimidos por essa corrida até o fim do semestre. São pressionados a usar certos livros didáticos, ou a dar certos tópicos obrigatórios numa dada ordem prescrita, em aulas demais, com alunos demais. Haverá exames obrigatórios no final, e o curso seguinte do currículo exigirá que o curso anterior tenha coberto determinada

quantidade de matéria. Os professores que se afastam desse procedimento temem ficar mal em testes padronizados ou nos cursos seguintes. Sua reputação poderia decair. Poderiam ser despedidos. (Freire; Schor, 1986, p. 110)

O professor sente-se, muitas vezes, oprimido, pressionado a realizar um trabalho focado em resultados, e não no comprometimento com uma educação democrática. Em suas obras, Freire proporciona a realização de uma caminhada pela qual é possível refletir e, assim, compreender como desenvolver uma ação pedagógica libertadora. Gadotti (2007, p. 42) ressalta que "o professor precisa saber muitas coisas para ensinar. Mas, o mais importante não é o que é preciso saber para ensinar, mas como devemos ser para ensinar".

A concepção freireana, portanto, parte do pressuposto de que há certos saberes e determinadas posturas fundamentais ao professor em sua ação pedagógica. Tais saberes e posturas são necessários como forma de possibilitar uma educação libertadora, autônoma, valorizando-se e respeitando-se a cultura e o sujeito. Por isso,

> O desafio das propostas freireanas não é apenas de encontrar apoio ideológico e conceitual para suas práticas libertadoras e críticas. O mais difícil é achar ou formar quem as opere, pois elas exigem muito mais competência criativa e de domínio de conteúdos que os procedimentos convencionais. (Almeida, 2009, p. 61)

De fato, não basta acreditar na teoria freireana ou simpatizar com ela. Ser um professor libertador é um desafio que se reflete na prática educativa, cotidianamente. É um estilo de vida, um compromisso, uma conduta, uma postura (Arroyo, 2010); é uma maneira de ser que vai além da simples obrigação de dar aula. Paulo Freire, ao falar sobre a ação pedagógica, apresenta subsídios "constitutivos da compreensão da prática docente enquanto dimensão social da formação humana" (Freire, 1996, p. 11). É por isso que a "tarefa do ensinante, que é também aprendiz, sendo prazerosa é igualmente exigente. Exigente de seriedade, de preparo científico, de preparo físico, emocional, afetivo" (Freire, 2009, p. 11).

Nesse sentido, será trilhado um caminho em que, em relação com Freire, serão identificados "saberes que parecem indispensáveis à prática docente de educadoras ou educadores críticos, [...] saberes demandados pela prática educativa em si mesma" (Freire, 1996, p. 21). É uma relação sempre dialética, sempre em compartilhamento "de experiências: experiência de si, experiência com os outros na relação pedagógica, experiência com as coisas do mundo" (Garcia, 2009, p. 229). O professor, na verdade, não dá nada, não impõe; ele constrói simultaneamente com o outro no processo da aprendizagem.

A educação, de acordo com o pensamento freireano, favorece a construção de um projeto educativo com o oprimido contemporâneo, isto é, com as classes menos privilegiadas na atual sociedade. Tal construção fortalece a possibilidade de uma **escola pública consolidada e transformadora**, construída pelos próprios sujeitos. Não é para o oprimido; é por ele e com ele, favorecendo uma educação democrática, libertadora, emancipadora e fortalecida na produção do conhecimento.

Os pensamentos e as concepções freireanas impactaram significativamente a educação brasileira, mas também exerceram forte influência em outros setores da sociedade, como a cultura, a economia, a saúde, a psicologia, a agricultura e, é claro, a política (Oliveira, I. A., 2003; Souza, 2002; Gadotti, 2007; Almeida, 2009; Vasconcelos; Brito, 2009; Arroyo, 2010; Souza, 2010). Para Freire, não há educação sem política (Freire; Schor, 1986; Freire, 2011). É por isso que é impossível falar dos pressupostos freireanos da educação sem considerar o ato político, uma vez que "Freire reiteradamente falou/escreveu sobre a educação articulando-a com o contexto social e político" (Pavan, 2008, p. 1).

Nessa perspectiva, podemos observar que muitos municípios no país assumiram os pressupostos freireanos nas suas respectivas propostas de ensino. Como exemplo, podemos considerar os resultados encontrados pela professora doutora Ana Maria Saul, da Cátedra Paulo Freire da Pontifícia Universidade Católica de São Paulo (PUC-SP), ao coordenar a pesquisa, financiada pelo CNPq, intitulada *O pensamento de Paulo Freire na educação brasileira: análise de sistemas públicos de ensino a partir da década de 90.*

Essa pesquisa investigou como o pensamento de Paulo Freire está sendo reinventado/recriado nas redes públicas de ensino do país e, assim, visa apoiar as secretarias de Educação para que consigam, com base nessa pesquisa, incrementar novos conhecimentos e novas práticas, bem como fortalecer uma rede freireana de pesquisadores, criando vínculos e intercâmbios entre as faculdades, os programas de pós-graduação e diferentes grupos de pesquisa (Hage; Mota Neto; Oliveira, 2011).

Nas últimas três décadas, muitos municípios e secretarias de Educação anunciaram e/ou realizaram (ou têm realizado) uma proposta educacional alinhavada às concepções de uma educação freireana em seus projetos pedagógicos. Entre outras, destacam-se: São Miguel do Oeste/SC, Natal/RN, Tabuí/RN, João Pessoa/PB, Camaragibe/PE, Ipueiras/CE, Embu das Artes/SP, Diadema/SP e São Paulo/SP. Alguns projetos apresentaram-se mais fortalecidos, constituídos por uma proposta mais estruturada, como: Escola Plural, em Belo Horizonte; Escola Cidadã, em Porto Alegre; Escola Candanga, em Brasília; e Proposta Multieducação, no Rio de Janeiro (Moreira, 2000). No Pará, destacou-se uma forte influência freireana nos projetos da Escola Cabana, em Belém; na Escola Caa-Mutá-Escola Cidadã, em Cametá, e na Escola Açaí de Igarapé-Miri/PA. Algumas escolas dos municípios de Gurupá também apresentaram referências de práticas freireanas na proposta educacional. Essas experiências foram analisadas por meio de uma pesquisa de caráter nacional que buscou investigar a presença de Paulo Freire nas redes municipais de educação.

Devemos salientar também que, mesmo sem uma declaração clara e explícita, muitos municípios abraçaram o ideal freireano e implantaram diversas ações inspiradas nas concepções de Paulo Freire nas escolas, em seus projetos político-pedagógicos. Muitas políticas públicas estão imbricadas e foram criadas considerando-se concepções freireanas. As vivências em sala de aula, bem como a ação pedagógica realizada por muitos professores, estão fundamentadas na pedagogia freireana (Almeida, 2009). Freire já afirmava que era necessária "uma ação educativa que só pode ser construída coletivamente, na qual a equipe de gestão não fica à parte, fora do corpo de educadores e educadoras da rede, mas substantivamente integrada nele e com ele" (Albuquerque, 2010a, p. 152).

Os pressupostos freireanos enfatizam a **relação da educação com a política**, fortalecendo, assim, a convocação popular para uma participação significativa no processo educativo na escola, desde a gestão até a construção de projetos político-pedagógicos sintonizados com o contexto cultural, estimulando o diálogo na práxis educacional por meio da busca por uma sociedade melhor.

Considerando as especificidades da educação no contexto brasileiro, que, muitas vezes, fortalecem a exclusão ou uma inclusão precária, o distanciamento, as formas de produção injustas, as contradições e desigualdades sociais que envolvem esses sujeitos, Freire torna-se um referencial significativo. Optar por esse referencial é fundamental, visto que a pedagogia freireana dá-se em uma relação com o oprimido, com o excluído ou, ainda, com o que foi incluído de forma precária, proporcionando, assim, possibilidades de empoderamento dos sujeitos (Freire; Schor, 1986). Em Paulo Freire, a ação pedagógica torna-se uma educação libertadora, na qual o professor pode realizar um ensino que possibilite sua emancipação, superando as contradições da educação bancária.

Os pressupostos freireanos não constituem um simples método. Aliás, como advertem Brandão (2005) e Arroyo (2010), não é possível minimizar as concepções de Paulo Freire em um método. É realmente difícil enquadrá-lo em um campo teórico fundamentado em métodos rígidos. O "método", em Paulo Freire, deve ser entendido como um processo dialético, e não como algo estático. Educação, para ele, é muito mais do que isso; é, sobretudo, uma forma de ser, pensar e praticar.

Nesse sentido, Freire propõe e estabelece uma concepção do homem e da sociedade, da própria relação homem-sociedade e, é claro, da educação como processo que se está estabelecendo, construindo. A questão central da pedagogia freireana é o homem como ser político, objetivando a libertação concreta, uma vez que, como ser inacabado, inconcluso, ele segue seu caminho, produzindo-se a si mesmo em relação dialética com o outro e com o mundo (Freire, 2011). Kosik (1976, p. 230) já destacava que "a dialética trata da 'coisa em si'. No entanto, a 'coisa em si' não é uma coisa qualquer, e, na verdade, não é nem mesmo uma coisa: a 'coisa em si', de que trata a filosofia, é o homem e o seu lugar no Universo".

Ora, não há como falar de uma educação desconexa das relações do ser humano com o outro e com o Universo. Para Freire (2009), o ser humano está inserido numa trama de relações, e "não faz sentido separar seu método de uma visão do mundo". Sua teoria do conhecimento está ancorada numa antropologia (Gadotti, 2007, p. 24). Portanto, falar da ação pedagógica realizada por professores é falar das múltiplas relações dialéticas que existem em seu próprio contexto educacional. É considerar os aspectos culturais relevantes na construção de uma educação libertadora e revolucionária, com a participação popular.

É, pois, com base nesses pressupostos que o pensamento freireano contribui para a análise da realidade dos professores, focando a ação pedagógica e os contextos educacional, social, pessoal e político em que vivem, considerando-se as várias categorias freireanas. Entendemos que, em resposta a certas inquietações e preocupações quanto à ação pedagógica, uma concepção freireana de educação pode proporcionar condições favoráveis para o novo, para o revolucionário, para a esperança de uma prática docente justa, contextualizada, libertadora e em sintonia com a realidade vivenciada.

Capítulo três

O educador é libertador

Segundo os pressupostos freireanos, o educador tem uma séria responsabilidade: ele precisa ter uma atitude libertadora e não domesticadora. Para Paulo Freire, um dos desafios do educador é libertar-se, como educador-educando, do formato tradicional da educação, ou seja, da educação bancária. Trata-se, portanto, de uma prática educativa focada na libertação dos seres humanos em relação a todo tipo de dominação e/ou opressão existente. O educador libertador potencializa sujeitos críticos e reflexivos, tornando-os agentes capazes de transformar sua realidade, inserindo-se eficazmente na sociedade. Assim, quando fala sobre educação libertação, Freire deixa claro que

> ensinar não é transferir conhecimento, mas criar as possibilidades para a sua própria produção ou a sua construção. Quando entro em uma sala de aula devo estar sendo um ser aberto a indagações, à curiosidade, às perguntas dos alunos, às suas inibições, um ser crítico e inquiridor, inquieto em face da tarefa que tenho – a de ensinar e não a de transferir conhecimento. (Freire, 1996, p. 47)

Libertação é um tema fundamental em Paulo Freire. Para ele, só tem sentido uma "educação como prática da liberdade" (Freire, 2011, p. 13). A ação pedagógica, na perspectiva de educação como prática libertadora, deixa de ser "instrumento do educador, com o qual manipula os educandos" (Freire, 2011, p. 77), e passa a ser uma relação facilitada pelo educador, caminhando com o educando rumo à libertação. Nessa perspectiva, a educação libertadora é "fundamentalmente, uma situação na qual tanto os professores como os alunos devem ser os que aprendem, devem ser sujeitos cognitivos" (Freire; Schor, 1986, p. 46), e "o papel do educador não é o de discursar sobre o conhecimento, mas sim de aguçar a curiosidade, causar inquietação, sem a qual o conhecimento não ocorre" (Bertolini, 2010, p. 135).

A educação libertadora não está fundamentada no tecnicismo do educador, mas na construção de uma **educação progressista e revolucionária**, que liberta educador-educando, concomitantemente. Freire lembra que "meu papel de professor progressista não é apenas o de ensinar matemática ou biologia, mas, sim, tratando a temática que é, de um lado, objeto de meu ensino, de outro, da aprendizagem do aluno, ajudá-lo a reconhecer-se como arquiteto de sua própria prática cognoscitiva" (Freire, 1996, p. 124).

A ação pedagógica libertadora se fortalece na busca de que educadores-educandos trilhem um caminho de libertação e de uma visão de um mundo em que possam intervir e transformar. De fato, não se reduz ao acúmulo de conhecimentos disciplinares ou à mera reprodução verbal do que se ouviu e/ou aprendeu; significa, isto sim, a formação de cidadãos empoderados*, sujeitos dos próprios caminhos, possibilitando uma sociedade transformada e seres humanos libertos.

É por isso que ser professor é muito mais do que transferir conhecimento em sala de aula. Freire reforça que "nossa tarefa docente não se esgota no ensino da matemática, da geografia, da sintaxe, da história. Implicando a seriedade e

---

* Paulo Freire foi precursor ao utilizar o termo *empowerment*, traduzindo-o para o português. Na relação educador-educando, *empoderamento* é a "capacidade de o indivíduo realizar, por si mesmo, as mudanças necessárias para evoluir e se fortalecer" (Valoura, 2005/2006, p. 2).

a competência com que ensinemos esses conteúdos, nossa tarefa exige o nosso compromisso e engajamento em favor da superação das injustiças sociais" (Freire, 2009, p. 84). Se há injustiça, não há liberdade. De fato, "ninguém tem liberdade para ser livre: pelo contrário, luta por ela precisamente porque não a tem" (Freire, 2011, p. 46). Nesse sentido, o conceito de libertação em Freire só pode ser compreendido na relação com o que ele denominou *educação bancária*. Para Freire (1996, 2009, 2011) e Freire e Schor (1986), a prática da educação bancária se estabelece com base em uma compreensão equivocada, restrita, estreita e limitada do que é educação, do que é educar e do que é aprender. Na concepção bancária, "a educação se torna um ato de depositar em que os educandos são os depositários e o educador, o depositante" (Freire, 2011, p. 80).

A prática pedagógica guiada por uma concepção bancária caracteriza-se pelo excesso de palavras e ações descontextualizadas, desinteressadas, desconexas, sem sentido para o educando e para o próprio educador. São palavras vazias, soltas ao vento, sem dimensão concreta e real, sem força transformadora e revolucionária. Nessa lógica, e em contraposição à ação pedagógica libertadora, "o educador aparece como seu indiscutível agente, como seu real sujeito, cuja tarefa indeclinável é 'encher' os educandos dos conteúdos da sua narração. Conteúdos que são retalhos da realidade desconectados da totalidade em que se engendram" (Freire, 2011, p. 79).

Ora, a ação pedagógica não pode ser reduzida a verbalizações, a discursos ou, ainda, a treinamentos de destrezas realizados pelo educador em relação ao educando. Freire (1996) estabelece a diferença entre *formar* e *treinar*. Enquanto o primeiro "constrói" o educando, o segundo o torna refém do ato educativo. O educador não é o sujeito principal do ato educativo e, por isso, não pode pressupor que repassar técnicas, dissertações ou memorizações sejam ações suficientes para uma educação significativa. Assim, "o professor libertador está com os alunos, em vez de fazer coisas para os alunos" (Freire; Schor, 1986, p. 204). Portanto, o professor não pode enxergar seus alunos como "recipientes a serem enchidos" (Freire, 2011, p. 80). Não obstante, não é o fato de, depositar ou impor suas concepções que fará dele um professor proeminente. Nessa perspectiva, ele, de fato, contribuirá para a alienação, para a exclusão e para o aprisionamento.

Freire descreve algumas características intrínsecas aos educadores da concepção bancária, tais como:

a. O educador é o que educa; os educandos, os que são educados;

b. O educador é o que sabe; os educandos, os que não sabem;

c. O educador é o que pensa; os educandos, os pensados;

d. O educador é o que diz a palavra; os educandos, os que escutam docilmente;

e. O educador é o que disciplina; os educandos, os disciplinados;

f. O educador é o que opta e prescreve sua opção; os educandos, os que seguem a prescrição;

g. O educador é o que atua; os educados, os que têm a ilusão de que atuam, na atuação do educador;

h. O educador escolhe o conteúdo programático, os educandos, jamais ouvidos nesta escolha, se acomodam a ele;

i. O educador identifica a autoridade do saber com sua autoridade funcional, que opõe antagonicamente à liberdade dos educandos, estes devem adaptar-se às determinações daquele;

j. O educador, finalmente, é o sujeito do processo; os educandos, meros objetos. (Freire, 2011, p. 82-83)

Nessa perspectiva bancária, o professor é, então, o senhor da razão, o sabe-tudo, o dono da verdade, o sujeito central, o intelectual, o orador oficial, o disciplinador, o ator principal, o máximo e a máxima autoridade. Obviamente, um professor que realiza sua docência com base em tais pressupostos contribui para a alienação, a exclusão e a intimidação do educando.

Em diversos momentos, Freire (1996; 2009; 2011) reforça a ideia de que ensinar não é repassar ou transferir conhecimentos e/ou informações, mas criar as possibilidades para que a educação seja produzida ou construída na relação educador-educando. O professor não pode e não deve impor conhecimentos com base no que ele pensa ou acha que é certo. Em vez disso, o educador instiga o educando a "participar de forma corresponsável na ação educativa" (Oliveira, I. A., 2003, p. 29), já que quem forma se forma e re-forma ao formar e quem é formado forma-se e forma ao ser formado. É neste sentido que ensinar não é transferir conhecimentos, conteúdos, nem formar; é ação pela qual um sujeito criador dá forma, estilo ou alma a um corpo indeciso e acomodado. Não há docência sem discência, as duas se explicam e seus sujeitos, apesar das diferenças que os conotam, não se reduzem à condição de objeto, um do outro. (Freire, 1996, p. 23)

De fato, **a relação é dialética**. O professor não é o agente da salvação, tampouco o educando é o agente receptor dessa pseudossalvação. Quem pensa ensinar, na verdade, aprende ao mesmo tempo que ensina. Quem aprende, ainda que sem perceber ou entender, ensina ao que pensa ensinar. Só é possível ensinar porque um dia se aprendeu. E, porque se aprendeu, percebeu-se que é preciso e é importante ensinar. Não existe, portanto, o aprender sem ensinar e o ensinar sem o aprender. O educador só pode ensinar porque "foi aprendendo socialmente que, historicamente, mulheres e homens descobriram que era possível ensinar" (Freire, 1996, p. 24).

Com base em tais pressupostos, é fundamental ao educador o que Freire denominou "curiosidade epistemológica" (1996, p. 25). O educador libertador compreende que é limitado, inconcluso e que precisa avançar, "daí que seja a educação um que fazer permanente" (Freire, 2011, p. 102). Quanto mais se avança, mais se aprende e se entende que é preciso aprender mais, avançar mais, conhecer mais. Nessa lógica, a educação libertadora deve ser conhecida, apreendida, testemunhada e vivenciada por educadores e educandos.

Confrontar a educação bancária só é possível a partir do momento em que o educador se apropria das concepções delineadas anteriormente. A educação bancária objetiva transferir conhecimentos, impor conceitos e visões de mundo, informar, e não formar. Tolhe-se a curiosidade do educando, bloqueia-se o instinto humano que há em todos de conhecer, procurar, questionar. É por isso que

> o ensino bancário deforma a necessária criatividade do educando e do educador, o educando a ele sujeitado pode, não por causa do conteúdo cujo "conhecimento" lhe foi transferido, mas por causa do processo mesmo de aprender, dar, como se diz na linguagem popular, a volta por cima e superar o autoritarismo e o erro epistemológico do bancarismo. (Freire, 1996, p. 25)

Engana-se quem pensa que a concepção bancária prejudica somente o educando. Não obstante, o educador também deixa de aprender, deixa de conhecer novas possibilidades, outras percepções do mundo. Sua cosmovisão é limitada. É por isso que a ação pedagógica do professor deve ser libertadora. Liberta o outro e liberta a si mesmo (Freire, 2011). Enquanto se libertam, constroem, em relação, a possibilidade de superar o bancarismo e possibilitam um novo horizonte.

Para tanto, o educador, como facilitador do processo de aprendizagem, deve "reforçar a capacidade crítica do educando, sua curiosidade, sua insubmissão" (Freire, 1996, p. 26).

Não há ação pedagógica libertadora sem educando liberto. Cabe ao educador, portanto, instigar o educando, provocá-lo, confrontá-lo, não permitindo que o ensino se reduza ao simples "tratamento do objeto ou do conteúdo" (Freire, 1996, p. 26). Mais uma vez, reitera-se a importância da curiosidade epistemológica, não só do educador, mas também do educando. Para isso, o professor libertador precisa conscientizar os educandos de que são livres e de que é possível aprender de forma crítica, curiosa, inquieta, enquanto "nas condições da verdadeira aprendizagem [...] vão se transformando em reais sujeitos da construção e da reconstrução do saber ensinado, ao lado do educador, igualmente sujeito do processo" (Freire, 1996, p. 26).

O professor que assume tal postura se constitui no que Freire (1996) denominou de *professor crítico, revolucionário, problematizador*. Esse professor não transfere conhecimentos, mas ensina o educando a pensar corretamente. Quanta responsabilidade do professor! O professor crítico, libertador, não é um mero replicador de conceitos, frases ou ideologias. Ele não está voltado para práticas pedagógicas tecnicistas, previamente elaboradas por outrem. O educador da libertação não se detém aos conceitos para repassá-los bancariamente. Antes disso, ele rumina o que vê, lê e entende, proporcionando um momento de discussão, de crítica, de relação dialética, sempre em consonância com a realidade em que ele e o educando estão inseridos.

O professor libertador não pensa de forma errada; pelo contrário, pensa corretamente e faz o educando, em cooperação com ele, pensar assim também, já que "ninguém liberta ninguém, ninguém se liberta sozinho, os homens se libertam em comunhão" (Freire, 2011, p. 71). Ambos, em cooperação, vislumbram a possibilidade de, pensando corretamente, pensar sobre o mundo, libertando-se. Pensando sobre o mundo de uma maneira certa, é possível conhecê-lo melhor, ao passo que, conhecendo-o, é possível intervir nele, transformá-lo, libertá-lo.

A libertação não ocorre de uma hora para outra. Além disso, a ação pedagógica na perspectiva da libertação pode ser compreendida como "um parto doloroso. O homem que nasce deste parto é um homem novo que só é viável na e pela superação da contradição opressores-oprimidos, que é a libertação de todos" (Freire, 2011, p. 48). O processo para a libertação perpassa, então, a consciência crítica que conduzirá o sujeito à libertação.

Capítulo quatro

A conscientização crítica move o educador

Para Oliveira e Carvalho (2007), a finalidade última da educação é a conscientização do ser humano, destacando, ainda, que "a ideia central, que perpassa toda a obra de Paulo Freire, é a necessidade de conscientizar, tanto educadores, quanto educandos" (p. 220).

Gadotti (2007, p. 107), em sintonia com esses autores, afirma que a conscientização é o "processo pedagógico que busca dar ao ser humano uma oportunidade de descobrir-se por meio da reflexão crítica sobre sua existência". É uma conscientização, portanto, que o faz perceber que, como ser humano, está no mundo e em relação com ele. A consciência crítica torna-se, assim, "um processo libertador, pois, integrando-se e exercitando-se a práxis, os seres humanos se descobrem como pessoas" (Oliveira, I. A., 2003, p. 24).

Nessa perspectiva, a ação pedagógica libertadora só é possível por meio da conscientização crítica, isto é,

> Um anseio na análise de problemas, pelo reconhecimento de que a realidade é mutável e aberta a revisões; e busca de análise dos fatos sem preconceitos, de modo indagador e investigativo. Para a formação de uma consciência crítica, necessita-se de uma educação que valorize a reflexão, que forme um ser crítico, questionador e transformador da sua própria realidade. (Vasconcelos; Brito, 2009, p. 62)

Nesse sentido, a conscientização "lhe possibilita inserir-se no processo histórico, como sujeito, evitando o fanatismo e inscrevendo-o na busca de sua afirmação" (Freire, 2011, p. 32) como professor. O educador problematizador, de consciência crítica, ao se refazer constantemente, ao se conscientizar na reflexão permanente, contribui para que os educandos, "em lugar de serem recipientes dóceis de depósitos, [sejam] agora investigadores críticos, em diálogo com o educador, investigador crítico, também" (Freire, 2011, p. 97).

O título deste capítulo suscita uma reflexão, já que, muitas vezes, se entende a consciência crítica libertadora como perigosa. Freire destaca que o professor que põe "em prática um tipo de educação que provoca criticamente a consciência dos estudantes necessariamente trabalha contra alguns mitos, que nos deformam" (Freire; Schor, 1986, p. 69).

De fato, *mito* e *deformação* são as palavras-chave nessa compreensão. O mito é o meio que o dominador utiliza para se impor ao outro. O mito engana, ilude, e o professor, ao propor a consciência crítica que liberta, contesta o poder e a forma bancária/opressora da educação. Em vez de deformados pelo mito, a consciência crítica forma sujeitos suficientemente críticos para questionar, para lutar, para ser mais.

Assim, podemos afirmar que uma das tarefas mais significativas na ação pedagógica é a superação do *status quo*. O educando não pode acomodar-se e aceitar as coisas como são, sem uma razão necessária de ser. Para essa tarefa, os educadores exercem ação preponderante por lidarem com o desenvolvimento da consciência das novas gerações.

O educador necessita ter e desenvolver ações pedagógicas fundamentadas na construção de uma identidade humana, a fim de possibilitar o amoldamento entre essência e existência no cotidiano dos educandos. É assim que a consciência e a postura crítica pautarão sua disciplina e/ou conteúdo educacional, contextualizando-o na conjuntura histórica em que se coloca. Um educador crítico e consciente contribuirá para a formação de uma sociedade crítica e consciente.

Em sentido oposto, o educador bancário pouco faz no sentido de despertar o interesse do aluno e sua capacidade de refletir consciente e criticamente. É por isso que esse aluno permanece estagnado, sem criatividade, sem liberdade, sem curiosidade. Freire destaca que "essa curiosidade necessária a ser estimulada pela professora ou professor no aluno leitor contribui decisivamente para a produção do conhecimento do conteúdo do texto que, por sua vez, torna-se fundamental para a criação da sua significação" (Freire, 2009, p. 49).

A consciência crítica, reflexiva e libertadora instiga no educador-educando uma perspectiva de algo mais. Portanto, a tarefa primordial do professor não se limita a, simples e unicamente, educar com vistas a formar mão de obra especializada ou qualificada para o mercado de trabalho. Pelo contrário, é preciso construir uma ação pedagógica que contribua com pessoas felizes, dignas, dotadas de inerente consciência crítica; participadoras, de forma significativa e relevante, no desafio constante de melhorar a sociedade e o mundo em que vivemos por meio do ato educativo. É possível mais, é possível ir além, é possível ser mais. E, se é possível, é porque há esperança.

Capítulo cinco

O educador é esperançoso

Paulo Freire entende que, mesmo sob tantas dificuldades e barreiras que se levantam contra a ação pedagógica, ainda assim, há esperança. E, para ele, a esperança é inerente ao ser humano. Por mais que os desafios impostos ao educador sejam significativos e, em geral, ocorram frustrações e desilusões, ainda assim, como ser humano, o educador-educando se reinventa fundamentando-se na esperança. Nesse sentido, Freire afirma:

> Gosto de ser homem, de ser gente, porque sei que a minha passagem pelo mundo não é predeterminada, preestabelecida. Que o meu "destino" não é um dado, mas algo que precisa ser feito e de cuja responsabilidade não posso me eximir. Gosto de ser gente porque a História em que me faço com os outros e de cuja feitura tomo parte é um tempo de possibilidades e não de determinismo. (Freire, 1996, p. 53)

Para o autor, mesmo sob os problemas que permeiam o ato educativo, faz-se necessário ao educador não se limitar a determinismos; pelo contrário, faz-se necessária a atitude de esperança – uma esperança baseada na crença de que "professor e alunos, juntos, podem aprender, ensinar, inquietar, produzir e juntos, igualmente, resistir aos obstáculos à nossa alegria" (Freire, 1996, p. 72). A esperança é inerente aos seres humanos. **A esperança fortalece a luta**, favorece a perseverança e a persistência. A esperança olha para o futuro e diz que uma nova realidade é possível, basta continuar. Por isso, Freire declara:

> Parece uma enorme contradição que uma pessoa progressista, que não teme a novidade, que se sente mal com as injustiças, que se ofende com as discriminações, que se bate pela decência,

que luta contra a impunidade, que recusa o fatalismo cínico e imobilizante, não seja criticamente esperançosa. (Freire, 1996, p. 73)

De forma contundente, Freire refuta posturas de professores que desistem, que encaram a tarefa pedagógica como um trabalho enfadonho, sem perspectivas. São professores desesperançosos, em oposição à ação pedagógica desenvolvida com alegria, motivada na esperança. Para Freire, o futuro não está determinado e não é conhecido; portanto, há esperança. Assim, uma "educação sem esperança não é educação. Quem não tem esperança na educação [...] deverá procurar trabalho noutro lugar" (Freire, 1981, p. 30). Uma postura esperançosa rejeita fatalismos, determinismos, e reage com raiva, como se estivesse se preparando para uma batalha, para a revolução, para a mudança. Apesar dos termos relativa e aparentemente agressivos, a fundamentação é o amor e a esperança. É a raiva e a rebeldia que conduzem à esperança. Por isso, adverte:

> Não sou esperançoso por pura teimosia, mas por imperativo existencial e histórico. Não quero dizer, porém, que, porque esperançoso, atribuo à minha esperança o poder de transformar a realidade e, assim, convencido, parto para o embate sem levar em consideração os dados concretos, materiais, afirmando que minha esperança basta. Minha esperança é necessária, mas não é suficiente. (Freire, 2000a, p. 10)

Freire não propunha uma esperança ingênua. Ele sabia das dificuldades, mas o que ele ressaltava é que, diante de tantos desafios, sem esperança é quase impossível realizar a educação (Freire, 2000a). A esperança gera o sonho, e ao educador cabe sonhar e lutar por um futuro melhor, pois "o futuro com que sonhamos não virá como doação da história e sim pela luta" (Zanetti, 2010, p. 201).

Por vezes, Freire utiliza o termo *profeta* para se referir às pessoas que denunciam e anunciam a possibilidade de um novo mundo. Uma simples denúncia aponta o caos, mas o anúncio do "educador profeta" aponta para a esperança, para o sonho possível, para a utopia. Utopia não como algo irrealizável, mas como possibilidade esperançosa. Por isso, "ser profeta, no sentido do anúncio e de denúncia do mundo, é ser portador de esperança" (Kavaya; Ghiggi, 2009, p. 7). Para tanto, a denúncia e o anúncio levam ao comprometimento com um processo que, permanentemente esperançoso, anuncia e acredita na mudança.

De fato, "mudar é difícil, mas é possível" (Freire, 1996, p. 79). Nesse sentido, uma postura de esperança fortalece a possibilidade e a certeza de que é preciso e possível mudar, conduzindo-nos à ação. Enquanto o docente bancário enfatiza a estagnação e o conformismo, o professor libertador, problematizador, esperançoso reforça a mudança e a construção criativa para uma nova possibilidade.

Capítulo seis

O educador sabe criar e construir

Fundamentado na base antropológica e filosófica de seu pensamento educacional, Freire ressalta diversas vezes em suas obras a inconclusão do ser humano. Como ser inacabado, cabe ao educador-educando reinventar-se em sua realidade e em sua experiência docente. A prática cotidiana, de fato, instiga o educador à prática de uma educação criativa e construtiva. Por vezes, o educador não encontrará soluções no campo teórico; será a imersão numa práxis educativa relevante que potencializará uma educação construtiva. Nesse sentido, "O educador libertador tem que criar, dentro de si, algumas virtudes, algumas qualidades, que não são dons de Deus, nem sequer lhe são dadas pela leitura dos livros, embora seja importante ler livros. O educador libertador tem de **criar criando**, isto é, inserido na prática" (Freire; Schor, 1986, p. 209, grifo nosso).

Como podemos perceber, para Freire, o ser humano está numa caminhada de desconstrução e construção. Portanto, nessa caminhada, está inconcluso, inacabado, inserido num constante **movimento de procura** (Freire, 1982, 1996, 2011, Freire; Schor, 1986). Assim, a educação deve ir "integrando os estudantes e os professores numa criação e recriação do conhecimento comumente partilhadas" (Freire; Schor, 1986, p. 19). Como seres históricos, os seres humanos se tornam capazes de aprender/ensinar, proporcionando um processo permanentemente criativo, construtivo e aventureiro (Freire, 1996).

Nesse processo de construção, é evidente que "o educador e a educadora são diferentes em relação aos educandos, assim como estes entre si, mas não são superiores ou inferiores. É no diálogo acerca destas diferenças e dos diferentes modos de ler o mundo que, coletivamente, construímos e aprendemos" (Schnorr, 2010, p. 88).

É na relação educador-educando que o professor, inconcluso e inacabado, consciente de sua caminhada construtiva, deverá proporcionar um "estar aberto" para se construir e reconstruir, "predisposto à mudança, à aceitação do diferente" (Freire, 1996, p. 50), nas múltiplas relações que estabelece com os diferentes seres humanos. Dessa forma, "educação não se dá no abstrato, no vácuo, ou apenas no discurso engajado. Ela se faz na concretude das relações sociais, nos intercâmbios entre as pessoas" (Campos; Pachane, 2009, p. 9). Portanto, onde há seres humanos em relação, há **construção**. Há construção porque existem seres inacabados, incompletos, inconclusos. A construção crítica e criativa deve se estabelecer em qualquer ser humano e, nesse caso, constitui-se como fundamental ao professor em sua ação pedagógica. Desse modo, "educador e educando se arquivam na medida em que, nesta distorcida visão da educação, não há criatividade, não há transformação, não há saber. Só existe saber na invenção, na reinvenção, na busca inquieta, impaciente, permanente, que os homens fazem no mundo, com o mundo e com os outros" (Freire, 2011, p. 81).

O professor, por ossos do ofício, apresenta habilidades diversas. O discurso, a retórica e/ou a oratória são inerentes ao exercício da prática pedagógica. No entanto, de nada adianta um belo e eloquente discurso se a ação pedagógica não está aberta a possíveis construções e reconstruções (Freire, 1996). Albuquerque (2010b, p. 219) reitera que a "boniteza da prática educativa é a possibilidade de torná-la bela, ao construir-se, construindo". É por isso que o "professor precisa ser um aprendiz na sala de aula, [convidando] os estudantes a serem curiosos e críticos... e criativos" (Freire; Schor, 1986, p. 19).

Não há construção criativa sem curiosidade, sem pergunta, sem questionamentos diversos. Assim, "a existência humana é feita por meio de perguntas [...], sendo por isso necessário, na prática pedagógica, o estímulo à curiosidade e à criatividade por meio do ato de perguntar" (Oliveira; Santos, 2010b, p. 20). O professor, na perspectiva de construção, constrói também, junto com seus alunos, já que a "realidade é construída socialmente" (Freire; Schor, 1986, p. 42). O momento da aula deixa de ser uma situação obrigatória em que aluno e professor têm obrigatoriedade de estar e passa a ser um lugar de mútua construção, de curiosidade recíproca, no qual

> o bom professor é o que consegue, enquanto fala, trazer o aluno até a intimidade do movimento de seu pensamento. Sua aula é assim um desafio e não uma cantiga de ninar. Seus alunos cansam, não dormem. Cansam porque acompanham as idas e vindas de seu pensamento, surpreendem suas pausas, suas dúvidas, suas incertezas. (Freire, 1996, p. 86)

O educador é, de fato, um construtor em construção. Sua prática docente se fortalece à medida que se constrói ou, ainda, quando necessário, se desconstrói. É por isso que a criação só pode ser compreendida enquanto prática libertadora, ou seja, que a "criatividade precisa de liberdade" (Freire; Schor,

1986, p. 31). A aula é dinâmica, interativa, participativa e criativa porque o professor constrói sua prática com base em reflexões críticas e constantes sobre o seu saber-fazer pedagógico.

6.1 Desenvolvimento de uma reflexão crítica sobre a prática

Para Freire (1996, p. 38), a ação pedagógica libertadora em construção "envolve o movimento dinâmico, dialético, entre o fazer e o pensar sobre o fazer". A prática e a teoria não podem ser compreendidas como fatores isolados, diferentes, distantes.

Infelizmente, constata-se que nem sempre a formação acadêmica prepara o professor para a ação pedagógica como ele espera e/ou necessita. O modelo formativo predominante fundamenta-se na racionalidade técnica e impõe a necessidade de dotar os professores apenas de instrumental mecanicista a ser aplicado na prática. Freire destaca que "os programas de formação de professores são quase sempre tradicionais e as escolas que eles frequentam não estimulam a experimentação" (Freire; Schor, 1986, p. 27). Configura-se, assim, uma perspectiva de formação determinística, acrítica, situando o professor como um técnico que dissemina conhecimentos (Freire; Schor, 1986; Freire, 1996, 2009, 2011).

É, de fato, um desafio para o professor. O educador crítico, criativo, ao construir sua prática pedagógica, precisa atentar para a relação entre teoria e prática, visto que a teoria "emerge *molhada* da prática vivida" (Freire, 2009, p. 35, grifo do original). A teoria concretiza-se e realiza-se mediante a prática, e a prática se estabelece na/por meio da reflexão teórica. Ambas são indissociáveis e fundamentais a uma relevante e significativa ação pedagógica. Dessa forma, a "educação se refaz constantemente na práxis. Para ser tem que estar sendo" (Freire, 2011, p. 102).

Assim, confirma-se a necessidade de uma ação pedagógica que se estabeleça na relação dialética da reflexão crítica sobre a prática, já que "é pensando criticamente a prática de hoje ou de ontem que se pode melhorar a próxima prática. O próprio discurso teórico, necessário à reflexão crítica, tem de ser de tal modo concreto que quase se confunda com a prática" (Freire, 1996, p. 39). Não existe um ato antes e outro depois. Prática e teoria ocorrem simultânea e concomitantemente. É a prática com a teoria e a teoria na prática. Freire (1996, p. 48) chama isso de "encarnação". Nesse sentido, "a tendência, então, do educador-educando como dos educandos-educadores é estabelecerem uma forma autêntica de pensar e atuar. Pensar-se a si mesmos e ao mundo, simultaneamente, sem dicotomizar este pensar da ação" (Freire, 2011, p. 100).

A reflexão sobre a prática, e vice-versa, propiciará ao professor a superação – da sua ignorância e da ignorância do educando. O professor não pode ensinar o que não sabe, o que não conhece e não é capaz de refletir, pois "a práxis é a reflexão e a ação dos homens sobre o mundo para transformá-lo. Sem ela, é impossível a superação da contradição" (Freire, 2011, p. 52). Enquanto se supera, o educador trilha pelo caminho da ousadia, confrontando e enfrentando seus temores e receios como docente. Para o professor libertador, essa luta é constante e se concretiza cotidianamente na prática pedagógica.

Evidencia-se, assim, a perspectiva de uma ação pedagógica com base no pressuposto de que a qualificação do professor deve articular teoria e prática, valorizando a atitude crítico-reflexiva como elemento vital em um saber-fazer pedagógico situado como prática social. Nesse sentido, a formação docente é compreendida como um processo que se constrói e reconstrói na trajetória profissional, representando, nesse caso, um processo de construção de identidade pessoal e profissional.

Capítulo sete

O educador ousado vence o medo

O professor é cercado de desafios e temores. Nesse sentido, Freire e Schor discutem na obra *Medo e ousadia: o cotidiano do professor* (1986) os temores e riscos da docência libertadora, transformadora. Por meio de um raciocínio libertador, Freire aponta que o medo pode se estabelecer nos "temores que os professores têm de se transformar" (Freire; Schor, 1986, p. 67). A pressão, a afronta, a punição e o autoritarismo podem ser instrumentos do opressor sobre o professor libertador. A perda do emprego, o isolamento social, o constrangimento público, entre outros aspectos, podem assustar o professor, fazendo-o duvidar se vale a pena seguir na prática pedagógica libertadora. Acrescenta-se o fato, ainda, de que há "o medo de que os estudantes rejeitem a pedagogia libertadora" (Freire; Schor, 1986, p. 68).

O medo é inerente ao ser humano. Ele é um sinal de que estamos vivos. Tem seu lado positivo, protetor, reflexivo, coerente, mas também, de forma negativa, pode tolher, bloquear, limitar o professor. Por isso, Freire adverte: "[...] não posso permitir que meu medo seja injustificado, e que me imobilize [...]. O medo pode ser paralisante" (Freire; Schor, 1986, p. 70). Para o professor, não se trata, portanto, de esconder seu medo ou suas preocupações. De forma ousada, deve **impor limites ao seu medo** e assumir suas limitações, "acompanhadas sempre no esforço por superá-las" (Freire, 1996, p. 72). A beleza da ação pedagógica caracteriza-se pelo fato de que, com ousadia, sem medo, o professor deve externar tais percalços.

> Diante do medo, seja do que for, é preciso que, primeiro, nos certifiquemos, com objetividade, da existência das razões que nos provocam o medo. Segundo, se realmente existentes,

compará-las com as possibilidades de que dispomos para enfrentá-las com probabilidade de êxito. Terceiro, o que podemos fazer para que, se for o caso, adiando o enfrentamento do obstáculo, nos tornemos mais capazes para fazê-lo amanhã. (Freire, 2009, p. 44)

O professor ousado, para Freire (2009; Freire; Schor, 1986), é o professor que consegue enfrentar seu medo, não no sentido de eliminá-lo, mas de reconhecê-lo. A dificuldade não está no medo, mas na impossibilidade de reconhecê-lo e, reconhecendo-o, discerni-lo nos momentos históricos vivenciados, sabendo quando atuar e como atuar. Nesse sentido, podemos entender que só com ousadia é possível que o professor se rebele. Rebeldia não no sentido anárquico, mas denunciativo, que proporcione transformação, já que "a mudança do mundo implica a dialetização entre a denúncia da situação desumanizante e o anúncio de sua superação" (Freire, 1996, p. 79).

Freire acredita que é com postura ousada que o professor consegue vencer seus medos, seus temores, para, assim, continuar na sua ação pedagógica. Não há como ensinar sem coragem, sem ousadia. As barreiras e os motivos para que o professor desanime estão à porta; por isso,

> é preciso ousar para ficar ou permanecer ensinando por longo tempo nas condições que conhecemos, mal pagos, desrespeitados e resistindo ao risco de cair vencidos pelo cinismo. É preciso ousar, aprender a ousar para dizer não à burocratização da mente a que nos expomos diariamente. É preciso

ousar para continuar quando às vezes se pode deixar de fazê-lo, com vantagens materiais. (Freire, 2009, p. 12)

De maneira ousada, o professor que reconhece seus temores rompe com o perigo do imobilismo e entende que é possível superar, avançar, crescer, mesmo com o medo cerceando sua ação pedagógica. Portanto, "quanto mais você reconhece que seu medo é consequência da tentativa de praticar seu sonho, mais você aprende a pôr seu sonho em prática" (Freire; Schor, 1986, p. 71). Enquanto sonha, acredita que é possível ser mais, fazer mais. E, se acredita, valoriza-se e passa a valorizar o outro.

Capítulo oito

A importância do educador

A educação é fundamental para aqueles que sonham com uma sociedade melhor. Sabemos que a educação não é a única solução, mas, "se a educação não pode tudo, alguma coisa fundamental a educação pode" (Freire, 1996, p. 112). O papel da educação, portanto, é essencial para a construção de outro mundo possível, fundamentada, é claro, na valorização do ser humano em todas as suas formas de viver.

A educação pode ser realizada de diversas formas e em diversos contextos, mas algo que não podemos esquecer é que sem o professor não há educação (Freire, 2011). Portanto, o que a educação pode fazer, perpassa, necessariamente, pelo que o educador faz em sua ação pedagógica. Assim,

> Reconhecer a importância de nossa tarefa docente não significa pensar que ela é a mais importante entre todas. Significa reconhecer que ela é fundamental. Algo mais: indispensável à vida social. Eu não posso, porém, formar-me para a docência apenas porque não houve outra chance para mim. (Freire, 2009, p. 52)

Saber da importância que se tem como professor é fundamental para uma ação pedagógica significativa. O professor que não se valoriza compromete seu ato educativo. Valorização é questão de dignidade. "Se nós não valorizarmos os educadores, teremos poucas possibilidades de fazer deste um país melhor. Agora, a valorização não pode ficar na teoria, não se trata apenas do discurso sobre a valorização, mas sim da prática deste discurso" (Freire, 2001b, p. 228).

Nessa perspectiva, é recorrente em Paulo Freire a valorização do professor refletida na relação humanização/desumanização. Para ele, é necessária a concepção de uma postura vigilante contra todas as práticas que desvalorizam o professor, desumanizando-o, portanto. Nesse sentido, o educador revolucionário é humanista e humaniza o outro, pois "sua ação, identificando-se, desde logo, com as dos educandos, deve orientar-se no sentido da humanização de ambos" (Freire, 2011, p. 86).

A consequência de um professor desumanizado e desvalorizado é extremamente prejudicial à educação e à ação pedagógica. Em uma postura de revolta, Freire conclama os professores a não baixarem guarda, não se prostrarem, mesmo que os desafios pareçam gigantescos e difíceis.

> Um dos piores males que o poder público vem fazendo a nós, no Brasil, historicamente, desde que a sociedade brasileira foi criada, é o de fazer muitos de nós correr o risco de, a custo de tanto descaso pela educação pública, existencialmente cansados, cair no indiferentismo fatalistamente cínico que leva ao cruzamento dos braços. "Não há o que fazer" é o discurso acomodado que não podemos aceitar. (Freire, 1996, p. 67)

O chamamento é em prol de uma luta – luta em favor dos direitos, do respeito ao ofício, do reconhecimento, da valorização devida que se concretiza em salários dignos, em ambientes sadios para as aulas. Não se pode aceitar a ideia da estagnação em uma zona de conforto docente. Além de um dever, tais pressupostos constituem-se como direito real de cada professor. Diante de tantas injustiças em relação aos docentes, Freire entende que ser professor, em tais contextos, faz parte de uma "força misteriosa, às vezes, chamada de vocação, que explica a quase devoção com que a grande maioria do magistério nele permanece, apesar da imoralidade dos salários. E não apenas permanece, mas cumpre, como pode, seu dever. Amorosamente, acrescento" (Freire, 1996, p. 142).

Como vocação, chamamento, não se deve escolher ser professor porque nada mais deu certo ou porque não se apresentaram outras oportunidades na vida. Ser professor é contribuir com uma **práxis transformadora da realidade**, de forma engajada, comprometida consigo mesmo, com o próximo e com o mundo, nele intervindo e recriando-o (Freire, 1996).

Outro aspecto abordado por Freire relaciona-se à forma como o professor é reconhecido e, consequentemente, chamado. Tia ou professora? Para Freire, tal questionamento vai além do simples verbalismo. É possível ser tia estando longe, geograficamente falando, mas é impossível ser professora a distância. Por trás dessa discussão, há questões muitas vezes não percebidas. Por isso, em primeiro lugar, não se deve "reduzir a professora à condição de tia" (Freire, 2009, p. 12); afinal, a professora não chama seus alunos de sobrinhos, já que eles, de fato, não o são. Ser professor, para Freire, é "profissão que envolve certa tarefa, certa militância, certa especificidade no seu cumprimento, enquanto tia é viver uma relação de parentesco" (Freire, 2009, p. 13). Na verdade, o que se pretende, aqui, é agir contra uma possível desvalorização do professor.

Envolvido nesse emaranhado mundo em relação, torna-se fundamental que ambos, educador e educando, trilhem uma caminhada de libertação, portanto, autônoma, dialógica, respeitosa, um valorizando o outro. Freire (1996, p. 94) destaca que, "enquanto ensino, [devo] testemunhar aos alunos o quanto me é fundamental respeitá-los e respeitar-me". O respeito que se dá se recebe. Ambos se valorizam e constroem a educação de forma autônoma.

Capítulo nove

O educador é autônomo

A autonomia do professor e do educando é um tema muito comum nos textos freireanos. De fato, ter autonomia constitui-se em um princípio básico para qualquer ser humano, em qualquer atividade que exerça. Aliás, para viver, é necessário ter autonomia; é uma característica essencial para o homem. No entanto, para Paulo Freire, a busca pela autonomia se dá por meio de um processo de conquista, uma caminhada na qual o educador-educando se faz e se refaz. Segundo Oliveira e Santos (2010c, p. 35), para Freire,

> a autonomia significa que o sujeito é livre no desenvolvimento de suas ações e pensamentos, é não ser conduzido por outro no seu saber-fazer, mas formar-se, aprender fazendo e pensando, instigando a sua curiosidade em descobrir o mundo, é estar sendo, fazendo-se, perguntando-se, descobrindo e conhecendo as coisas, no seu existir cotidiano.

Na perspectiva freireana, não há educação verdadeira se ela não for autônoma. **A autonomia é um desafio para o professor**, afinal, muitos se encontram, por vezes, sem uma saída alternativa e sentem-se frustrados, decepcionados, sem solução para determinados problemas com que se defrontam na prática educativa (Nunes, 2004; Gadotti, 2007). Sentem-se na obrigação de repassar aos seus alunos conteúdos que, não obstante, estão muito distantes da realidade dos alunos e do próprio professor. Tais percepções corroboram a perda da autonomia, tão necessária à prática educativa.

Um professor autônomo, que o é desde o processo formativo até a execução da sua prática pedagógica, terá melhores condições de compreender e agir de maneira relevante e significativa sobre a diversidade cultural que o cerca, procurando, assim, refletir sobre os aspectos intelectuais e sociais que envolvem seu fazer pedagógico. Nesse sentido, Nóvoa (1992, p. 27) lembra que

a formação deve estimular o desenvolvimento profissional dos professores, no quadro de uma autonomia contextualizada da profissão docente. Importa valorizar paradigmas de formação que promovam a preparação dos professores reflexivos, que assumam a responsabilidade do seu próprio desenvolvimento profissional e que participem como protagonistas na implementação das políticas educativas.

Em concordância com Freire (1996, 2011), devemos ressaltar o quão necessário e imprescindível é que o professor se aproprie dos princípios que norteiam a ação pedagógica em direção à autonomia. Essa autonomia se reflete na capacidade de agir por si, de optar, de escolher, de tomar decisões e expor ideias com o outro, agindo sempre com responsabilidade. Apesar da autonomia necessária, observamos que a prática pedagógica não se realiza de forma isolada, tornando-se uma **autonomia multidisciplinar e interdependente.** Multidisciplinar porque se faz necessário dialogar com outras áreas, com outras disciplinas, com outras perspectivas; interdependente porque, enquanto se realiza de forma autônoma, procura-se reunir com o outro, ouvir o outro, dialogar e aprender com o próximo de forma organizada e planejada. É uma autonomia responsável, como apregoa Freire (1996). Vasconcelos e Brito (2009, p. 49) afirmam que a autonomia é "um processo gradativo de amadurecimento, que ocorre durante toda a vida, propiciando ao indivíduo a capacidade de decidir e, ao mesmo tempo, de arcar com as consequências dessa decisão, assumindo, portanto, responsabilidades".

É por isso que vários autores (Freire; Schor, 1986; Freire, 2011; Pimenta; Ghedin 2005; Gadotti, 2007) concordam com uma formação docente na qual teoria e prática devem necessariamente caminhar alinhadas e concomitantes à autonomia do educador. Assim, a docência torna-se uma ação pedagógica que contempla projetos e necessidades além da docência em si, ultrapassando, por exemplo, os limites da sala de aula. É uma autonomia que leva à liberdade e à práxis significativa. Pimenta e Ghedin (2005) reforçam que a atividade docente autônoma é práxis, já que será por meio de suas atividades que o professor produzirá o saber-fazer.

Assim, o professor deve ser autônomo, livre (porque liberto), sujeito de sua própria práxis. Desse modo, o respeito à autonomia e à dignidade do professor "é um imperativo ético e não um favor que podemos ou não conceder uns aos outros" (Freire, 1996, p. 66). Obviamente que, como ser autônomo, o professor coerente com suas ações e concepções proporcionará aos seus alunos a autonomia. É algo recíproco. É autonomia que se dá e que se recebe.

De fato, o educador, respeitando a autonomia de seus educandos, contribui para a construção de uma visão correta, fazendo-os sujeitos autônomos e reflexivos, construtores sintonizados com o professor. Os educandos, nesse sentido, não partem do pressuposto de que "reconhecem em sua ignorância a razão da existência do educador", simplesmente porque, quando autônomos e libertos, descobrem-se "educadores do educador" (p. 81), superando a contradição educador-educando "de tal maneira que se façam ambos, simultaneamente, educadores e educandos" (p. 82). Alcançar tal maturidade se dá quando há autonomia.

A autonomia é fundamental ao professor em qualquer contexto, reforçando-se ainda mais a necessidade para aquele que exerce a docência nas escolas do nosso país. O educador sem autonomia, dependente e condicionado por outros para a realização de seu trabalho sofre as pressões do mundo, do mercado de trabalho, da escola, da comunidade, e ainda sofre com baixíssima remuneração. Portanto, é o oposto de um sujeito livre no desenvolvimento de suas ações, conforme apregoam Oliveira e Santos (2010c).

O educador autônomo entende que há um direcionamento, um conteúdo, uma linha para ação, mas, ao mesmo tempo, entende que é possível desenvolver a docência em sintonia com a proposta pedagógica e os objetivos que pretende traçar a fim de instigar uma educação relevante e autônoma.

A autonomia, na perspectiva freireana, portanto, ocorre por meio da conscientização, que contribuirá para que o professor perceba que, como ser humano, está no mundo e em relação com ele, transformando-o e intervindo nele pela ação pedagógica. É nesse sentido que se tornam necessárias propostas educativas pensadas, articuladas e realizadas por professores que, de forma autônoma, construam uma educação sintonizada com os anseios da realidade brasileira para cada contexto, sem se esquecerem do conteúdo programático proposto.

O professor autônomo é um educador responsável por si, pelos outros, com os outros, com a escola, na escola, com a sociedade e na sociedade e, fundamentalmente, com a seriedade a que a educação se propõe. Contreras (2002, p. 36) aponta que, muitas vezes, os professores ficam "na função reduzida de aplicadores de programas e pacotes curriculares" e, ao tratar da autonomia perdida do professor, destaca que

> a degradação do trabalho do professor, privado de suas capacidades intelectuais e de suas possibilidades de ser realizado como produto de decisões pensadas e discutidas coletivamente, regulamentado na enumeração das diferentes tarefas e conquistas a que deve dar lugar, fez com que os professores fossem perdendo aquelas habilidades e capacidades e aqueles conhecimentos que tinham conquistado e acumulado ao longo de dezenas de anos de duro trabalho. (Contreras, 2002, p. 38)

O professor autônomo, pois, não se limita, simplesmente, a aplicar programas. Ele reflete sobre a realidade junto com seus alunos. Nessa perspectiva, o educador sem autonomia torna-se um trabalhador como qualquer outro, que apenas tem sua força de trabalho para vender. Está na docência por uma obrigação, seja porque busca o próprio sustento, seja porque não encontrou nada melhor para fazer. A única diferença nele é o conhecimento que obtém, mas, diante de uma situação precária, invariavelmente, num contexto precário, sente-se desestimulado. Tal situação reforça uma educação opressora e bancária. É por isso que, ao inserir-se na realidade dos educandos, o professor inicia seu caminho de autonomia.

Em síntese, Freire (1996, p. 107) destaca que a "autonomia tem de estar centrada em experiências estimuladoras da decisão e da responsabilidade, vale dizer, em experiências respeitosas da liberdade". A autonomia é algo, portanto, que vai se construindo, se estabelecendo e se constituindo nas inúmeras experiências de vida, nas necessárias decisões que precisam ser tomadas, sempre numa postura ética. É por isso que Freire entende que o professor, na postura de libertador e ser dialógico, carrega uma significativa responsabilidade ética.

Capítulo dez

O educador é ético

Paulo Freire é contundente e incisivo ao falar sobre a ética na conduta e na postura do educador. Para ele, a "capacitação de mulheres e de homens em torno de saberes instrumentais jamais pode prescindir de sua formação ética" (Freire, 1996, p. 56). Gadotti (2007, p. 56) reforça essa ideia quando afirma que "na docência ser e saber são indissociáveis". Por isso, é fundamental ao educador, não somente na posição de professor, mas também como ser histórico, assumir as responsabilidades por suas ações ou omissões. Uma postura ética exige uma conscientização do inacabamento do ser humano, que o leva a agir em conformidade com a responsabilidade que tem como missão no mundo, pois

> estar no mundo necessariamente significa estar com o mundo e com os outros. Estar no mundo sem fazer história, sem por ela ser feito, sem fazer cultura, sem "tratar" sua própria presença no mundo, sem sonhar, sem cantar, sem musicar, sem pintar, sem cuidar da terra, das águas, sem usar as mãos, sem esculpir, sem filosofar, sem pontos de vista sobre o mundo, sem fazer ciência, ou teologia, sem assombro em face do mistério, sem aprender, sem ensinar, sem ideias de formação, sem politizar não é possível. (Freire, 1996, p. 58)

Enquanto a falta da ética se concretiza nas ações do professor bancário, autoritário, antidialógico, desvalorizado, desesperançoso, determinístico e rude, o professor libertador reconhece que está no mundo, em relação com o mundo e com os outros do mundo e no mundo. Nessa relação, entende que precisa tratar a própria existência e presença no mundo. Isso é ética, é postura ética em todo o tempo, em todos os momentos, em todos os lugares, em tudo o que se faz; é um processo permanente.

Tais concepções são fundamentais à ação pedagógica. O professor ético, ciente de sua inconclusão pessoal, trabalha com outros seres inconclusos, não na perspectiva bancária da educação, mas na trilha libertadora, não tornando seus alunos objetos do processo educacional, mas sujeitos do próprio aprender. É por isso que

> não é possível respeito aos educandos, à sua dignidade, a seu ser formando-se, à sua identidade fazendo-se, se não se levam em consideração as condições em que eles vêm existindo, se não se reconhece a importância dos "conhecimentos de experiência feitos" com que chegam à escola. O respeito devido à dignidade não me permite subestimar, pior ainda, zombar do saber que ele traz consigo para a escola. (Freire, 1996, p. 64)

Educador e educando, juntos, éticos, num processo constante e transformador. É por isso que "ensinar exige respeito à autonomia do educando" (Freire, 1996, p. 59). Trata-se de uma ética concretizada no respeito – respeito que vai e volta, respeito que dignifica, que se dá e se recebe. É uma ética fundamentada na consciência de que, como ser inconcluso, o professor não sabe tudo, respeitando, portanto, a curiosidade, a inquietação, a liberdade do aluno. Nessa trama de relações entre educador e educando, "o ensinante aprende primeiro a ensinar, mas aprende a ensinar ao ensinar algo que é reaprendido por estar sendo ensinado" (Freire, 2009, p. 30).

De fato, todo cuidado é pouco. A linha é tênue. O professor ético respeita o aluno, mas não deixa com que sua classe se transforme em um ambiente libertino, já que "a sala de aula libertadora é exigente, e não permissiva" (Freire; Schor, 1986, p. 36). A ética do professor não exclui a autoridade, pois ele nunca deixará de "ser uma autoridade, ou de ter autoridade" (Freire; Schor, 1986, p. 115), mas rejeitará o encanto do autoritarismo. A autoridade não pode transformar-se em autoritarismo.

O professor valoriza a liberdade, mas **impõe limites** ao mais simples sinal de libertinagem. Para tanto, Freire (1996) recomenda ao professor uma "pitada" de bom senso. Tal postura o levará a uma reflexão crítica sobre o que fez, o que faz e como poderá fazer no futuro, com bom senso e um discurso coerente com suas ações. Contribuirá, ainda, para uma constante avaliação e reavaliação – por meio da reflexão crítica sobre o comportamento adotado – da prática realizada. Não se trata de uma avaliação unilateral, isolada, mas em relação com o educando, isso porque "o trabalho do professor é o trabalho do professor com os alunos e não do professor consigo mesmo" (Freire, 1996, p. 64).

As atitudes dos professores, às vezes, falam mais alto do que suas palavras. O professor ético deve estar consciente de que "as palavras a que falta a corporeidade do exemplo pouco ou quase nada valem. Pensar certo é fazer certo" (Freire, 1996, p. 34). Arroyo (2010, p. 253) sugere aos professores que "não levem ao povo uma mensagem, [antes] sejam essa mensagem". As atitudes dos educadores são compreendidas pelos educandos muito mais do que suas palavras. Por isso, o professor deve se esforçar para reduzir a distância entre o seu discurso e a sua prática, cumprindo com o que diz e com o seu dever, agindo em coerência com o que prega e exige; "sua presença na sala de aula é de tal maneira exemplar que nenhum professor ou professora escapa ao juízo que dele ou dela fazem os alunos" (Freire, 1996, p. 65). Dessa forma, "a responsabilidade do professor, de que às vezes não damos conta, é sempre grande" (Freire, 1996, p. 65).

Educadores e educandos não podem escapar à **rigorosidade**. Sua preparação acadêmica e científica deve estar em conformidade com sua integridade ética. O ato educativo "exige de mim, como professor, uma competência geral, um saber de sua natureza e saberes especiais, ligados à minha atividade docente" (Freire, 1996, p. 70). Portanto, não é "permitido" ao educador que se "aventure a ensinar sem competência para fazê-lo. [A educação problematizadora] não o autoriza a ensinar o que não sabe" (Freire, 2001a, p. 259). Se ético, o educador se capacita, se prepara para ensinar. Assim, "a prática pedagógica dialógica, problematizadora e inquiridora, proposta por Freire, implica o/a educador/a e o/a educando/a que busquem, pesquisem o conhecimento, para que a aula seja, de fato, um espaço democrático" (Oliveira, I. A., 2003, p. 28).

Quando se questiona a forma libertadora de educar, aponta-se no questionamento, ainda que ingenuamente, que tal postura exclui a necessidade de uma rigorosidade metódico-científica por parte do educador. A educação libertadora não teria rigor científico, "relaxando e afrouxando" princípios científicos fundamentais e inerentes ao ato educativo. De fato, tais afirmações encerram uma ingenuidade sem tamanho. Freire estimula os professores a buscar, a pesquisar, a conhecer, a "lutar com amor, com paixão, para demonstrar que o que estamos propondo é absolutamente rigoroso" (Freire; Schor, 1986, p. 98). Nesse sentido, sem afrouxamento científico, o educador ético compreende a importância do preparo intelectual, acadêmico, conceitual. O professor, ciente de suas responsabilidades, entende que sua ação pedagógica se faz, inicialmente, em **práticas de pesquisa**. O educador não pode e não deve "separar a pesquisa do ensino. Essa dicotomia é muito destrutiva" (Freire; Schor, 1986, p. 212). Para Freire (1996, p. 29), tais pressupostos são requeridos e, em verdade, indispensáveis à ação pedagógica, já que "não há ensino sem pesquisa e pesquisa sem ensino". O autor reforça essa compreensão quando afirma:

> O professor que não leve a sério a sua formação, que não estude, que não se esforce para estar à altura de sua tarefa não tem força moral para coordenar as atividades de sua classe. Isto não significa, porém, que a opção e a prática democrática do professor ou da professora sejam determinadas por sua competência científica. (Freire, 1996, p. 92)

A incapacidade profissional desqualifica o docente. Não obstante, o educador ético entende que fazem parte de seu ofício e, consequentemente, de sua natureza, a indagação, o questionamento, a busca, a curiosidade, o estudo, isto é, a pesquisa. Como professor, ele é, também, pesquisador. São práticas indissociáveis, indicotomizáveis, inerentes, intrínsecas ao educador. A curiosidade epistemológica o levará à produção do conhecimento. O professor sério e comprometido com a educação libertadora, transformadora mais rigoroso deverá ser na busca do conhecimento (Freire; Schor, 1986; Freire, 1996, 2009).

Outro aspecto significativo e ético é o reconhecimento de que a ação pedagógica é intencional, tem um objetivo, uma proposta. Para Freire (1996, 2011; Freire; Schor, 1986), o professor e a educação nunca são neutros. Não há, portanto, neutralidade na educação. A opção política sempre existirá. A forma como "escolhemos os livros a ler, as perguntas a serem feitas, o modelo de sala de aula – tudo isso envolve nossa política" (Freire; Schor, 1986, p. 187). Nesse sentido, o professor deve assumir suas convicções, seus posicionamentos. A ação pedagógica, por não ser neutra, exige uma postura, uma escolha, uma definição. Nesse contexto, Freire declara:

> Sou professor a favor da decência contra o despudor, a favor da liberdade contra o autoritarismo, da autoridade contra a licenciosidade, da democracia contra a ditadura de direita ou de esquerda. Sou professor a favor da luta constante contra qualquer forma de discriminação, contra a dominação econômica dos indivíduos ou das classes sociais. Sou professor contra a ordem capitalista vigente que inventou esta aberração: a miséria na fartura. Sou professor a favor da esperança que me anima apesar de tudo. Sou professor contra o desengano que me consome e me imobiliza. Sou professor a favor da boniteza de minha própria prática, boniteza que dela some se

não cuido do saber que devo ensinar, se não brigo por este saber, se não luto pelas condições materiais necessárias sem as quais meu corpo, descuidado, corre o risco de se amofinar e de já não ser o testemunho que deve ser de lutador pertinaz, que cansa mas não desiste. (Freire, 1996, p. 102-103)

Independentemente da postura, há uma opção. Não há neutralidade. Mesmo sob o silêncio ou, ainda, na relutância em externar determinado posicionamento, uma opção foi realizada. É por isso que o professor precisa definir e se posicionar. O que ele quer? Por quê? Se apresentar a opção, ele será mais ético do que aquele que escondeu ou disse ser neutro.

Nessa caminhada, repleta de intenções, a ação pedagógica se constrói fundamentada num princípio maior do que ela mesma. Tal princípio, segundo Freire fundamental aos seres humanos e, nesse caso, aos professores, é o amor. O professor amoroso o é porque antes foi ético. E é ético porque optou por amar.

Capítulo onze

O educador é amoroso

A educação fundamentada no amor, para Paulo Freire, é de significativa importância. O meio pelo qual o educando perceberá tal atitude será o das atitudes e dos exemplos advindos pelo educador. Assim, para Freire (1996, p. 66),

> O professor autoritário, o professor licencioso, o professor competente, sério, o professor incompetente, irresponsável, o professor amoroso da vida e das gentes, o professor mal amado, sempre com raiva do mundo e das pessoas, frio, burocrático, racionalista, nenhum desses passa pelos alunos sem deixar sua marca. Daí a importância do exemplo.

Falar de amor é falar de postura, de ternura, de afeto, de ações, de fatos. Como lemos em Freire (1996, p. 42) "às vezes, mal se imagina o que pode passar a representar na vida de um aluno um simples gesto do professor". A ação pedagógica não pode ser desenvolvida sem a emoção, sem a sensibilidade, sem a afetividade, sem o discernimento das necessidades.

De fato, "todo conhecimento é sempre um conhecimento cognitivo-afetivo" (Gadotti, 2007, p. 57). De forma inerente às concepções freireanas, não é só amor que se dá, mas também que se recebe, pois "o professor precisa também que uma certa consistência emocional e de humor do curso mantenha seu moral" (Freire; Schor, 1986, p. 195). Em *Professora sim, tia não: cartas a quem ousa ensinar*, Freire aponta que

> é impossível ensinar sem a capacidade forjada, inventada, bem cuidada de amar [...]. É preciso ousar, no sentido pleno desta palavra, para falar em amor sem temer ser chamado de piegas, de meloso, senão de anticientífico. É preciso ousar para dizer, cientificamente e não bla-bla-blantemente, que estudamos,

aprendemos, ensinamos, conhecemos com o nosso corpo inteiro. Com os sentimentos, com as emoções, com os desejos, com os medos, com as dúvidas, com a paixão e também com a razão crítica. (Freire, 2009, p. 12)

O professor que ama seu ofício, seus alunos e a si mesmo entende que a competência técnico-científica bem como o rigor acadêmico são fundamentais à ação pedagógica. "Quanto mais formos capazes de aperfeiçoar, em nós mesmos, nossa sensibilidade, mais capazes seremos de conhecer com rigor" (Freire; Schor, 1986, p. 219). O educador, portanto, não pode e não deve desprezar tais pressupostos. No entanto, tais proposições "não são incompatíveis com a amorosidade necessária às relações educativas" (Freire, 1996, p. 10).

Freire não se cansa de anunciar a **solidariedade** como engajamento e compromisso do professor; afinal, "como ser educador, se não desenvolvo em mim a indispensável amorosidade aos educandos com que me comprometo e ao próprio processo formador de que sou parte?" (Freire, 1996, p. 67).

É possível ser sério, comprometido e, ao mesmo tempo, solidário, alegre e afetuoso. De fato, precisamos "descartar como falsa a separação radical entre seriedade docente e afetividade" (Freire, 1996, p. 141). O professor não precisa ser distante, bruto, autoritário, frio, cinzento, para ser um bom professor. Obviamente que o contrário também merece atenção. Ao educador cabe entender o seguinte princípio: "O que não posso obviamente permitir é que minha afetividade interfira no cumprimento ético de meu dever de professor no exercício de minha autoridade" (Freire, 1996, p. 141). Na verdade, é uma ação pedagógica amorosa e afetuosa, mas responsável e revolucionária.

Entretanto, apesar de afetuosa, amorosa, terna, a ação pedagógica, em amor, se estabelece concomitantemente com a raiva. "O amor é compromisso" (Freire, 2011, p. 111) e, por isso, não pode ser ingênuo. Manifestar corretamente raiva e ira, na medida certa, por razões corretas, com ações concretas, também é amar. Afinal,

> está errada a educação que não reconhece na justa raiva, na raiva que protesta contra as injustiças, contra a deslealdade, contra o desamor, contra a exploração e a violência um papel altamente formador. O que a raiva não pode é, perdendo os limites que a confirmam, perder-se em raivosidade que corre sempre o risco de alongar em odiosidade. (Freire, 1996, p. 41)

Para que haja comprometimento sincero, deve existir amor. Amor a si mesmo, amor ao próximo e amor à ação pedagógica (Freire, 2009). Invariavelmente, os alunos percebem as motivações do professor. Reconhecem se ele está no cumprimento de uma obrigação ou, de forma oposta, se está na docência por amar, por valorizar, por comprometer-se com algo em que acredita.

A ação pedagógica é muito séria; portanto, uma motivação errada para ser professor e/ou estar na docência pode comprometer a vida do educando. O contrário, isto é, uma **docência engajada**, pode contribuir para que os educandos se tornem presenças marcantes no mundo (Freire, 2009).

É por isso que "na educação o amor é fundamental para que todos os homens e mulheres, seres inacabados e em constante aperfeiçoamento, possam aprender" (Vasconcelos; Brito, 2009, p. 42).

Freire (1996, p. 96) ressalta que "a maneira que eles [alunos] me percebem tem importância capital para o meu desempenho". A percepção do aluno em relação ao professor, à sua atuação, à leitura que faz pode contribuir ou atrapalhar na ação pedagógica.

Ratifica-se, mais uma vez, a importância da coerência entre a fala e a vida do professor – fala que, fundamentada na amorosidade, não é um discurso vazio, mas um diálogo libertador, sintonizando educador e educando, mediatizados pelo mundo. Por isso, "o amor é, também, diálogo [...] se não amo o mundo, se não amo a vida, se não amo os homens, não me é possível o diálogo" (Freire, 2011, p. 110-111).

Capítulo doze

O educador sabe dialogar

Para Paulo Freire, o diálogo é essencial, fundamental; ele "é o ponto de partida e de chegada" (Almeida, 2009, p. 43). A ação pedagógica, nesse sentido, só pode concretizar-se por meio do diálogo. Trata-se de um intercâmbio contínuo na relação educador-educando. De fato, com base nos ideais dialógicos na práxis educativa, educador e educando alteram-se em suas funções concomitantemente: o educando aprende e, ao mesmo tempo, educa; o educador, da mesma forma, ensina e aprende. Portanto, não há educação sem diálogo e, por isso,

> a existência, porque humana, não pode ser muda, silenciosa, nem tampouco pode nutrir-se de falsas palavras, mas de palavras verdadeiras, com que os homens transformam o mundo. Existir humanamente é pronunciar o mundo, é modificá-lo. O mundo pronunciado, por sua vez, se volta problematizado aos sujeitos pronunciantes, a exigir deles novo pronunciar. (Freire, 2011, p. 108)

O diálogo rompe com o silêncio e gera a palavra. Não qualquer palavra, mas a palavra certa, a palavra dialogal. O diálogo mediatiza, estabelece a ponte entre o homem e o mundo e o homem e o outro. Dessa forma, "ninguém educa ninguém, ninguém educa a si mesmo, os homens se educam entre si, mediatizados pelo mundo" (Freire, 2011, p. 95).

Partindo desse axioma é que se evidencia quanto o diálogo é fundamental nas concepções freireanas sobre a educação. Brandão (2010b) ressalta que Freire é um ser conectivo, sempre em relação, sempre conectado e intermediado pela conjunção "e". Um "e" que aproxima um ser do outro. Sem diálogo, não há educação libertadora. Sem diálogo, não há também, portanto, ação pedagógica. Diálogo não é, prioritariamente, falar para alguém ou a alguém, mas falar junto, falar com alguém. Não é falar às pessoas, mas "dialogar com elas sobre a ação" (Freire, 2011, p. 55). Brandão (2005, p. 21) afirma que "Paulo Freire pensou que um método de educação construído em cima da ideia de um diálogo entre educador e educando, onde há sempre partes de cada um no outro, não poderia começar com o educador trazendo pronto, do seu mundo, do seu saber, o seu método e o material da fala dele".

De fato, diálogo deve ser realmente diálogo – conversa entre dois ou mais. Monólogo não é diálogo. Freire lembra que o "importante é que o professor evite que sua fala seja uma canção de ninar informativa, ou uma apresentação sedativa" (Freire; Schor, 1986, p. 55). Para tanto, ensinar exige saber escutar, pois é "escutando que aprendemos a falar com eles. Somente quem escuta paciente e criticamente o outro, fala com ele, mesmo que em certas condições precise de falar a ele" (Freire, 1996, p. 113).

Com efeito, Freire (2011) insiste na importância de construir um diálogo no qual o silêncio se esvai e a fala do outro e com o outro proporciona a pronunciação do mundo, para, assim, modificá-lo. O professor que se importa em ouvir dá a oportunidade ao educando de gerar a palavra, idealizar, criando a ponte necessária no ato educativo entre educador e educando.

O professor que fala "a" alguém reforça uma hierarquização entre os sujeitos, entre ele e seu aluno. Quem fala "a" alguém fala por cima, de cima, para alguém que ouve, embaixo, abaixo. O diálogo, em sentido oposto, estabelece a comunhão e a igualdade entre educandos e educador. "O diálogo freireano não é uma simples troca de ideias, mas uma conversa respeitosa" (Almeida, 2009, p. 43). Não existem sujeitos melhores e/ou superiores, muito menos sujeitos inferiores e/ou piores. Ambos estão em relação, em diálogo. Por isso, "dizer-se comprometido com a libertação e não ser capaz de comungar com o povo, a quem continua considerando absolutamente ignorante, é um doloroso equívoco" (Freire, 2011, p. 66).

Numa perspectiva de igualdade, a interferência criada na dialogicidade entre educador-educando proporciona reflexões e mudanças de postura de ambos. O docente assume a possibilidade de erro, abrindo espaço para a intervenção do educando para que o "conserte", se realmente houver necessidade. De fato, o diálogo estabelece o respeito e a troca de conhecimentos que ambos possuem, abrindo espaço para que possíveis erros ou limitações sejam evidenciados e corrigidos. Freire (1996) reforça que é escutando que se aprende a falar com os alunos. De fato, o professor, conforme arrazoa Freire (1996), não deve posicionar-se de forma autoritária como senhor do conhecimento, o sabe-tudo; por isso, ressalta-se a importância de uma prática educativa dialogal.

Falar "com" alguém e falar "a" alguém são ações distintas, opostas. Apesar de, em certos momentos, falar "a" ser necessário, o diálogo verdadeiro se estabelece quando se fala "com". Escutar significa estar atento, aberto e disposto ao que o outro fala, faz ou sente. Escutar é realmente ouvir o outro com atenção, com empatia, sem se importar com o nível intelectual do interlocutor (Freire, 2009). Só é possível escutar quando há sensibilidade em relação a si e ao outro. Quando não escuto, posiciono-me superior, acima, de cima para baixo. Eu falo ao outro, que, inferior e abaixo, escuta. É nessa perspectiva que Freire (2009, p. 59) destaca que "sem humildade dificilmente ouviremos com respeito a quem consideramos demasiadamente longe do nosso nível de competência".

Nesse sentido, é por meio do diálogo que "se opera a superação de que resulta um termo novo: não mais educador do educando, não mais educando do educador, mas educador-educando com educando-educador" (Freire, 2011, p. 95). O educador, enquanto dialoga, torna-se sujeito do processo educativo ao lado do educando. É por isso que

> deveríamos entender o diálogo não como uma técnica apenas que podemos usar para conseguir obter alguns resultados. Também não podemos, não devemos entender o diálogo como uma tática que usamos para fazer dos alunos nossos amigos [...]. Ao contrário, o diálogo deve ser entendido como algo que faz parte da própria natureza dos seres humanos. (Freire; Schor, 1986, p. 122)

O diálogo não pode ser um instrumento de manipulação e conquista. Não deve ser compreendido como uma técnica necessária para alcançar algumas metas. O diálogo fomentado pelo docente é reflexivo, é libertador, é transformador, é construtivo. Nessa lógica, o currículo não pode ser imposto e/ou obrigatório. É no diálogo que o professor escutará o aluno, a comunidade escolar e, com suas experiências, construirá/

organizará, em relação dialética, o currículo adequado. Sem dúvida, o diálogo é um aspecto freireano fundamental para a ação pedagógica. Por isso, Freire lembra que a dialogicidade deve ter início "não quando o educador-educando se encontra com os educando-educadores em uma situação pedagógica, mas antes, quando aquele se pergunta em torno do que vai dialogar com estes" (Freire, 2011, p. 115).

Nesse sentido, o diálogo é "compreendido como o momento em que os seres humanos se encontram para conhecer e refletir sobre sua realidade tal como a fazem e refazem" (Oliveira; Santos, 2010a, p. 8) e refletem, também, sobre "o que sabem e o que não sabem" (Oliveira, I. A., 2003, p. 24).

A ação pedagógica não pode ser impositiva, bancária, antidialógica. Ela se estabelece em comunhão construtiva em que educador e educando aprendem. O professor não pode ser um tagarela que fala, fala e fala, impondo sobre o educando, bancariamente, seus conteúdos, suas informações. "É neste sentido que se impõe a mim escutar o educando em suas dúvidas, em seus receios [...]. E ao escutá-lo, aprendo a falar com ele" (Freire, 1996, p. 119).

Atentemos, no entanto, para o fato de que ouvir, escutar, não significa concordar, aceitar. No diálogo e na escuta libertadora, a discordância é possível (Freire, 1996). O contrário ao diálogo é justamente o que Freire (2011) denomina de "ação antidialógica". A ação antidialógica evidencia-se na educação bancária, já que esta nega o diálogo, inibe a criatividade, a expressão, a fala, o questionamento, alienando, domesticando o outro (Freire, 2011). Vasconcelos e Brito (2009, p. 34) assim sintetizam a ação antidialógica na educação:

é toda metodologia de ensino que não permite o intercâmbio de ideias, conceitos e valores entre os diversos atores da cena pedagógica (educadores e educandos). O educador que se utiliza de métodos antidialógicos é opressor e tem, como meta única, transmitir informações aos seus educandos, evitando, por razões ideológicas, a problematização dos temas tratados.

Dessa forma, a teoria da ação antidialógica se concretiza por meio de algumas ações intencionais, tais como a conquista, a divisão, a manipulação e a invasão. A conquista é fundamental numa ação antidialógica e bancária, uma vez que se pretende conquistar, dominar o sujeito oprimido. A divisão, também importante na antidialogicidade, é utilizada para fragmentar, dividir e, assim, manter a opressão. A união, a organização e a coletividade são banidas, porque são perigosas. A manipulação, da mesma forma, é o "instrumento de conquista" (Freire, 2011, p. 198) e a forma que favorece a divisão. Finalmente, a invasão se concretiza porque a conquista, a divisão e a manipulação já foram validadas – invasão que desrespeita o contexto cultural dos invadidos (Freire, 2011).

O **professor dialógico**, ao contrário, realiza sua ação pedagógica na colaboração, em detrimento da conquista. É ele com o outro, cooperando, colaborando. A união é, portanto, fundamental e fundamentalmente oposta à divisão. Não há isolamento. Há comunhão, unidade e organização para que a realidade concreta do sujeito, sua cultura e seu contexto contribuam na educação dialógica, contextualizada e ética.

É por isso que o professor que não realiza a ação pedagógica em relação dialógica – antes a constrói na base da antidialogicidade – não consegue adequar sua prática ao modo de viver dos educandos e ao contexto em que a escola, campo de sua docência, está inserida. Para ele, tanto faz o contexto, a cultura ou o modo de viver do aluno. O professor dialógico, ao contrário, entende que sua ação pedagógica deve ser realizada com base em experiências e saberes contextualizados. Portanto, para o professor, "procurar conhecer a realidade em que vivem nossos alunos é um dever que a prática educativa nos impõe: sem isso não temos acesso à maneira como pensam, dificilmente então poderemos perceber o que sabem e como sabem" (Freire, 2009, p. 83).

O diálogo aproxima, faz conhecer ainda mais a realidade e proporciona a geração de ideias, novas ideias que respondam às necessidades que se evidenciam no diálogo e que contribuem para a ação pedagógica e o ato educativo estabelecido entre educadores-educandos, inseridos, respectivamente, em seus contextos.

Capítulo treze

O educador sabe contextualizar

O processo ensino-aprendizagem é muito mais do que repassar, bancariamente, as concepções do educador para o educando. É muito mais do que importar conceitos construídos em certos lugares e aplicá-los em outros, nos quais a distância geográfica, cultural e social de quem elaborou é significativa em relação ao sujeito que recebe tais conceitos. É por isso que Paulo Freire estabeleceu um princípio relevante: "Ensinar exige respeito aos saberes dos educandos" (Freire, 1996, p. 30).

De fato, o educador não deve basear seu olhar e sua ação pedagógica em assuntos distantes da realidade do educando, já que "todo ser humano tem uma caminhada histórica; é sujeito de historicidade, fazendo parte de uma história social mais ampla. Possuem diferentes formas de ver o mundo e enfrentar situações; são seres culturais com práticas e significação do mundo e de si próprios(as) e dos outros(outras) as mais diversas" (Albuquerque, 2010b, p. 221). Nesse sentido,

> O processo educativo necessita não só atentar para todas as dimensões do ser humano e de sua sociedade, mas também realizar-se de acordo com as exigências identificadas no contexto histórico-social em que acontece. Não se pode, pois, simplesmente transplantar uma concepção e uma prática pedagógica de um tempo ou de um contexto a outros com o argumento de nele "deu certo". (Souza, 2002, p. 145)

De fato, em sua trajetória, o educando construiu o que concebe como vida, sempre em relação com pessoas, com culturas, inseridos em um contexto histórico, social, familiar, religioso, educacional etc. Para Freire, a razão pela qual, muitas vezes, o professor não é compreendido e/ou entendido é porque fala "ao" e não fala "com" o outro;

assim, "sua linguagem não sintoniza com a situação concreta dos homens a quem falam. E sua fala é um discurso a mais, alienado e alienante" (Freire, 2011, p. 120).

A ação do educador, para ser relevante, precisa estar em relação com o contexto histórico-cultural e social dos alunos. Tal perspectiva fortalece um processo de ensino-aprendizagem que incita o desenvolvimento de conhecimentos e experiências necessários aos alunos, com uma formação inserida em sua realidade. Dessa forma, o professor propicia uma educação relevante por meio da construção do conhecimento de forma significativa para o educando. Evidencia-se, então, que o desenvolvimento de qualquer processo educativo não deve estar dissociado do ambiente sociocultural dos sujeitos. A educação libertadora, transformadora e relevante realiza o ato educativo incorporando os sujeitos, o contexto e o próprio conhecimento no processo.

Nas múltiplas relações que exercem, os seres humanos estabeleceram saberes que foram "socialmente construídos na prática comunitária" (Freire, 1996, p. 30). Nesse sentido, uma ação pedagógica contextualizada entende a importância de romper com dissonâncias cognitivas e paradigmas culturais. O educador deve dar a devida importância para as experiências informais nos diversos lugares e espaços (rua, escola, casa, igreja, trabalho etc.), já que a contextualização se concretiza com a aproximação dos conteúdos disciplinares/escolares à **realidade existencial e concreta do educando**. Brandão (2005, p. 25) ajuda a compreender esse aspecto quando afirma que "há perguntas sobre a vida, sobre casos acontecidos, sobre o trabalho, sobre modos de ver e compreender o mundo. Perguntas que emergem de uma vivência que começa a acontecer ali".

Cultura é a palavra-chave nos escritos freireanos (Brandão, 2010a). Por isso, é fundamental que os professores consigam "se transformar em cidadãos institucionais, enraizados" (Freire; Schor, 1986, p. 82) na escola e na cultura. Esta foi a grande luta de Freire, isto é, contextualizar a educação na cultura do educando e do educador. Souza (2002, p. 29) destaca que

> A preocupação central de Paulo Freire é a educação, inclusive escolar, como um problema cultural, como uma atividade cultural e um instrumento para o desenvolvimento da cultura, capaz de contribuir para a democratização fundamental da sociedade, da própria cultura e para o enriquecimento cultural de seus diferentes sujeitos, especialmente dos sujeitos populares.

De fato, toda análise e interpretação devem considerar o contexto em que se fala, com quem se fala, por que se fala, como se fala. Temáticas descontextualizadas não interessam ao educando, já que não fazem parte do seu cotidiano, da sua cultura. Nessa perspectiva, Freire (1996, p. 30) questiona: "Por que não estabelecer uma 'intimidade' entre os saberes curriculares fundamentais aos alunos e a experiência social que eles têm como indivíduos?". Os educadores descontextualizados pensam erroneamente; assim, atuam erroneamente como educadores. Educam como se os fatos "nada devessem ter com a realidade de seu mundo. A realidade com que eles têm que ver é a realidade idealizada de uma escola que vai virando cada vez mais um dado aí, desconectado do concreto" (Freire, 1996, p. 27).

Para aproximar a realidade existencial do aluno e a realidade educativa, Freire entende que o educador deve encontrar o conteúdo relevante para o educando no próprio contexto do aluno. A tarefa do educador, nesse sentido, se estabelece na concepção freireana de uma caminhada de descoberta dos **temas geradores**, também denominada *universo temático* ou *temática significativa* (Freire; Schor, 1986; Freire, 2011). Tal concepção não permite que a visão do educador seja autoritária. Não depende dele. Importa, sim, o que é relevante para o aluno, seu mundo, sua vida, sua percepção, seus temas de interesse que proporcionam o aprendizado (Freire, 2011).

Como podemos constatar, é uma educação que se concretiza relacionando os diversos aspectos no mesmo processo educacional. Há mais significado para o aluno quando ele consegue relacionar sua realidade, sua vida, o conhecimento que já possui e suas experiências com o processo educativo. Essa significância é confirmada com a constatação de que assim fica mais fácil para ele (o aluno) aprender. O aluno, o educador, o conhecimento e o contexto se constituem e se constroem numa relação dialética progressiva. Por isso, não há "como ensinar, como formar sem estar aberto ao contorno geográfico social dos educandos" (Freire, 1996, p. 137). Não obstante, é nesse caminhar que se estabelece a educação libertadora, "que é histórica, sobre um contexto, também histórico, [com] a exigência de que esteja em relação de correspondência, não só com os temas geradores, mas com a percepção que deles estejam tendo os homens" (Freire, 2011, p. 131).

Para encontrar o tema gerador, a relação educador-educando-mundo é fundamental. Sem essa interação necessária, não há tema gerador, pois "o tema gerador não se encontra nos homens isolados da realidade, nem tampouco na realidade separada dos homens. Só pode ser compreendido nas relações homens-mundo" (Freire, 2011, p. 136). São as relações, os pensamentos e as ações com o outro e com o mundo que importam.

Nessa perspectiva, um aspecto fundamental a considerar é o **currículo**. Não há educação libertadora e contextualizada baseada em um currículo tradicional. O currículo deve estar/ser contextualizado com as questões culturais, as concepções de vida dos sujeitos. Nesse sentido, Souza (2002, p. 198) destaca que

> A finalidade de qualquer currículo, na proposta freireana, é a compreensão, interpretação, explicação, expressão na/da realidade, no/do mundo, nas/das situações e condições de vida das maiorias de nossas populações e nas/das possibilidades de se transformarem em condições de existência dignas para elas.

Enquanto o currículo tradicional, estático, fortalece a exclusão, o currículo libertador, contextualizado, oferece oportunidades para o sujeito ser mais e construir condições de existência com base na própria realidade, no que ele valoriza. O contrário disso é a própria manifestação da educação bancária, visto que "o currículo padrão, o currículo de transferência é uma forma mecânica e autoritária de pensar como organizar um programa" (Freire; Schor, 1986, p. 97), deixando de valorizar as questões locais, regionais, contextuais.

A ação pedagógica contextualizada é significativa para os educandos e pode "propiciar as condições em que os educandos em suas relações uns com os outros e todos com o professor ou a professora ensaiam a experiência profunda de assumir-se" (Freire, 1996, p. 41). Assumem-se porque percebem que sua realidade, seu contexto é importante. Assumir-se é valorizar-se. Valorizando-se, o sujeito dá valor aos seus, ao seu contexto, à sua realidade, à sua educação.

Trata-se de uma educação que vai além dos limites da sala de aula, que valoriza o contexto, atribuindo significância ao processo educativo. Obviamente que não se limita a ele. De fato, olha o contexto global, mas não ignora a realidade local. Uma educação séria e comprometida, baseada em uma pedagogia freireana, faz-se em relação com o outro e com o contexto do outro. Por isso, mais uma vez, ganha força a prerrogativa de que valorizar o contexto no processo educacional não significa fechar os olhos para o contexto mais amplo. De fato, tudo é contexto, do local ao global, e ambos se constituem em meios de uma educação que se faz na possibilidade de uma transformação social. Nessa perspectiva, o conhecimento científico, produzido em ambientes acadêmicos e/ou escolares, agrega-se aos saberes construídos e experimentados durante a existência por parte das mais diferentes populações tradicionais do Brasil.

O professor que olha para o processo, para o currículo tradicional, rígido, e esquece o contexto, ou ignora os saberes e as culturas coletiva e individual, perde a relevância em sua tarefa pedagógica. Em vez de libertar o aluno, o professor o aprisiona, o faz determinado, determinístico. Sem ingenuidades, é óbvio que o educador-educando sabe-se condicionado, mas nunca, numa perspectiva da educação libertadora, permitirá uma postura fatalista, determinada. Pelo contrário, o docente exclui a possibilidade de determinismos e fatalismos, ainda que estejam condicionados ao contexto.

13.1 Ação educacional condicionada, nunca determinada

Como um ser inserido em uma realidade sócio-histórica, o educador precisa saber lidar com a situação. Condicionamento e determinismo caminham de forma muito aproximada. Sem ingenuidade, o educador compreende que, em um contexto, está condicionado por questões sociais, políticas, econômicas etc. A linha, no entanto, é tênue. Mesmo consciente de seu condicionamento, como ser humano em construção e inacabado, o professor pode e deve lutar contra o determinismo. Nesse sentido, "só os homens e mulheres podem reconhecer e superar os condicionamentos" (Albuquerque, 2010b, p. 255).

O condicionamento é duplo: sufoca educador e educando, proporcionando uma educação em que ficam os "educandos condicionados a apenas ouvir passivamente e educadores condicionados a discursar" (Schnorr, 2010, p. 87), sem pensar sobre questões pertinentes à realidade concreta. É por isso que a luta do educador propiciará a consciência de que ele pode "ir mais além. Esta é a diferença profunda entre o ser condicionado e o determinado" (Freire, 1996, p. 53).

Não há dúvida de que o que o educador vivenciou, até o momento presente está totalmente baseado em suas experiências, em suas formações e concepções políticas, religiosas, epistemológicas, ontológicas e culturais. Ele é e age, basicamente, em relação com o ambiente em que vive. Seus traços e características estão estereotipados pela realidade à sua volta. Mas isso não pode servir de bloqueio limitador às ações do educador. Ele, mesmo condicionado, está se construindo, está se constituindo, está se envolvendo, imergindo em novas concepções de mundo e de vida. Portanto, "mesmo sabendo que as condições materiais, econômicas, sociais e políticas, culturais e ideológicas em que nos achamos geram quase sempre barreiras de difícil superação para o cumprimento de nossa tarefa histórica de mudar o mundo, sei também que os obstáculos não se eternizam" (Freire, 1996, p. 54).

O risco do determinismo é presente e real. O educador, como ser inserido no mundo e do mundo, relacionando-se no mundo e com o mundo, é consciente de que tudo o que ocorre à sua volta é inerente e intrínseco também a ele. O ser humano é, de fato, condicionado pela realidade e pelo mundo, mas não tem de aceitar o determinismo em sua relação com o mundo.

> O homem pode encontrar-se em três estágios diversos: imersão, emersão e inserção. O primeiro momento é caracterizado pelo fato de que o homem encontra-se totalmente envolvido

pela realidade; não consegue pensá-la. O momento de emersão assinala a capacidade humana de distanciar-se da realidade, de admirá-la objetivando-a. A inserção implica o retorno do homem à realidade para transformá-la através de sua práxis. (Oliveira; Carvalho, 2007, p. 221)

Nesse sentido, condicionado, não determinado, o educador se faz sujeito da própria caminhada, de sua história (Freire, 1996). A apropriação como um ser conscientizado, portanto, ciente do condicionamento, permite ao educador refletir sobre o mundo e retornar a ele, intervindo nele. Assim, uma ação pedagógica contextualizada, que se sabe condicionada, mas nunca determinada, valoriza o sujeito, sua realidade e sua experiência política, histórica, familiar, pessoal, cultural e social. Faz com que ele intervenha no mundo; faz o sujeito ler o mundo, o seu mundo, o mundo com o outro e do outro; faz com que ele leia o mundo antes das palavras.

13.2 Leitura do mundo, leitura das palavras

A concepção freireana de educação rompe com os métodos tradicionalmente conhecidos e majoritariamente utilizados. Enquanto o método clássico instiga o aluno a ler palavras, Freire, ao contrário, enfatiza que o aluno, antes de ler palavras, faz uma leitura do mundo. "Ler é reescrever o que estamos lendo. É descobrir a conexão entre texto e contexto do texto" (Freire; Schor, 1986, p. 22). De fato, com base nos pressupostos freireanos, não se "ensina a repetir palavras, não se restringe a desenvolver a capacidade de pensá-las"

(Freire, 2011, p. 17); antes, estimula-se o educando e busca-se colocá-lo em condições de "re-existenciar criticamente as palavras de seu mundo, para, na oportunidade devida, saber e poder dizer a sua palavra" (Freire, 2011, p. 17), criando, consequentemente, a sua cultura.

Nesse sentido, o professor que não respeita o aluno, seu contexto, sua leitura do mundo, agride-o, ainda que não fisicamente; ele o faz intelectual e emocionalmente. Tal postura tolhe, limita, bloqueia o aluno, prejudicando-o na caminhada da aprendizagem. Freire destaca que

> Respeitar a leitura de mundo do educando não é também um jogo tático com que o educador ou educadora procura tornar-se simpático ao educando. É a maneira correta que tem o educador de, com o educando e não sobre ele, tentar a superação de uma maneira mais ingênua por outra mais crítica de inteligir o mundo. [...] significa tomá-la como ponto de partida para a compreensão do papel da curiosidade. (Freire, 1996, p. 123)

Ora, o ato educativo é muito mais do que ler e/ou memorizar certos conceitos e/ou palavras. Ao contrário, o educador-educando deve perceber a necessidade de "escrever sua vida, ler a sua realidade" (Freire, 1982, p. 16). A leitura da palavra antes da leitura do mundo estimula a formação de seres limitados, que são meros replicadores verbalistas. O "ato de estudar implica sempre o de ler, mesmo que este não se esgote. De ler o mundo, de ler a palavra e assim ler a leitura do mundo anteriormente feita" (Freire, 2009, p. 31), pois "a leitura do mundo precede a leitura das palavras" (Freire, 1989, p. 9).

Nesse sentido, a educação deve apropriar aspectos culturais no processo educacional. Trata-se de ler a cultura antes de ler as letras! O Brasil, entendido em suas realidades geográficas (rios, florestas, campos, cerrado etc.), sociais (pobreza, riqueza), culturais (mitos, contos, religiões) e na diversidade de seus povos (brancos, negros, caboclos, índios etc.), constitui-se em um arcabouço riquíssimo para se propiciar uma educação significativa para esses povos numa abordagem também cultural. As questões culturais devem ser valorizadas e, por consequência, trabalhadas na docência. Assim, a produção do conhecimento acontece de forma interativa (produção de textos, danças, teatros etc.), emergindo da realidade, dos mitos, das tradições, enfim, do viver dos educadores-educandos, inclusive na relação com a família, com os aspectos do trabalho etc.

De fato, ler o mundo com o outro, com o educando faz do professor alguém que **valoriza a história**, reconhece os saberes, fortalece os vínculos e contribui com o processo ensino-aprendizagem, entendendo que "qualquer que seja o nível da educação, [...] sou um auxiliar dos alunos no processo de sua formação, de seu crescimento" (Freire; Schor, 1986, p. 145). O professor antidialógico, que é inábil e não comprometido com sua ação pedagógica, provoca sequelas muito piores do que um educador bancário bem informado e bem-intencionado (Freire; Schor, 1986). Por isso, ao professor crítico corresponde um ensino igualmente crítico que demanda necessariamente uma forma crítica de compreender e de realizar a leitura da palavra e a leitura do mundo, a leitura do contexto (Freire, 2009, p. 36).

Gadotti, ao refletir sobre a postura de Paulo Freire em relação ao professor, sintetiza como este entendia a ação pedagógica:

> ele [Freire] sustenta que, para ser professor, é necessário: rigorosidade metódica, pesquisa, respeito aos saberes dos educandos, criticidade, ética e estética, corporificar as palavras pelo exemplo, assumir riscos, aceitar o novo, rejeitar qualquer forma de discriminação, reflexão crítica sobre a prática, reconhecer e assumir a identidade cultural, ter consciência do inacabamento, reconhecer-se como um ser condicionado, respeitar a autonomia do ser do educando, ter bom senso, ser humilde, tolerante, apreender a realidade, ser alegre e esperançoso, estar convicto de que mudar é possível, ser curioso, ser profissionalmente competente, ser generoso, comprometido, ser capaz de intervir no mundo. Ensinar exige liberdade e autoridade, tomada consciente de decisões, exige saber escutar e reconhecer que a educação é ideológica, exige disponibilidade para o diálogo e, finalmente, exige querer bem aos educandos. (Gadotti, 2007, p. 43)

Sem dúvida, a ação pedagógica é fundamental à sociedade. Sem professor, não há educação; sem educação, não há transformação social e humana. Nessa perspectiva, ser professor é ter privilégios e assumir responsabilidades. Ser professor é compreender que seu trabalho não é um simples trabalho;

é um trabalho que se constrói com o outro, com o educando, que marca a vida do outro.

Trata-se, portanto, de um ato educativo que com o outro se constrói numa relação que vai além da sala de aula. Assim, o papel do educador se altera cada vez mais, isso porque a sociedade muda cada vez mais. Muito além do que simples e unicamente falar em sala de aula, cabe ao educador-educando se articular de forma mais significativa e contextualizada aos novos tempos. O período de aula não se resume aos momentos presenciais, mas se estende aos ambientes proporcionados pelas novas tecnologias, pelas novas realidades. É uma ação pedagógica sintonizada com as discussões atuais num contexto de uma sociedade que se aprende em rede.

Capítulo catorze

O educador para uma educação em novos tempos

Não há como falar sobre as perspectivas de Freire em relação à educação sem considerar os novos tempos e os avanços que essa realidade proporciona. E, de fato, Freire não desprezou a relação entre educação e os tipos de saberes não estabelecidos, entre eles a cultura midiática (Gomez, 2015). Segundo Freire (1994b, p. 80),

> Precisamos hoje de homens e mulheres que, ao lado do domínio dos saberes técnicos e científicos, estejam também vocacionados para saber o mundo de outra forma, através de tipos de saberes não preestabelecidos. A negação disso seria repetir o processo hegemônico das classes dominantes que sempre determinaram o que é que as classes dominadas devem saber e podem saber.

No decorrer da história foram muitas as transformações ocorridas na sociedade, e em cada época os homens enfrentaram o desafio da adaptação diante das mudanças sociais. Em tese, podemos afirmar que a Revolução Industrial foi o marco das grandes mudanças sociais que alteraram radicalmente a forma de viver dos indivíduos. À medida que surgiram as indústrias, as cidades se desenvolveram rapidamente, provocando o êxodo rural de pessoas que buscavam novas perspectivas de vida. Aos poucos, a urbanização foi se caracterizando e, por conseguinte, o avanço tecnológico foi se desenvolvendo em vários aspectos do cotidiano social, como na comunicação, nos transportes, nas moradias, nos eletroeletrônicos. Esse desenvolvimento instigou significativamente o avanço econômico, social, tecnológico, industrial e, como não poderia deixar de ser, impulsionou o ato educativo (Nery, 2007).

Podemos observar que o processo educativo é constante na sociedade atual e se manifesta nas transformações de várias áreas do conhecimento que permeiam a tecnologia e a informação, numa dinâmica impressionante. Esse caminho não tem mais volta e o educador não pode ausentar-se de tal realidade. Esse fluxo frenético de mudanças na ciência, na comunicação, na cultura, na política, na economia, na educação, entre outras áreas, desperta no educador-educando a necessidade de buscar a atualização das informações diariamente. As pessoas estão sempre construindo seu mundo e sendo construídas por ele, em busca de significados que direcionem suas ações. Esse ciclo pela busca de significados se encontra diante de um universo dinâmico de mudanças aceleradas. Assim, "as mudanças de caráter tecnológico não se constituem enquanto tal apenas em mudança das técnicas utilizadas, elas fomentam também modificação nos hábitos, nos costumes e, ao mesmo tempo, nas formas de ver o mundo" (Nery, 2007, p. 97).

Diante disso, os valores, as crenças, os hábitos e os costumes que serviram de orientação para a conduta do educador-educando de determinada geração ou comunidade são modificados cotidianamente pela influência das informações que são recebidas em ambientes virtuais. As constantes transformações sociais e o acelerado desenvolvimento tecnológico permitem, quase instantaneamente, a disseminação incessante de informações. Nestes novos tempos, as pessoas são significativamente influenciadas pelos meios de comunicação e pelas redes sociais. Moura (2007, p. 134) afirma que "essa nova realidade acontece em escala mundial e conecta todas as regiões e indivíduos do planeta por meio de redes digitais". Tal realidade aponta um caminho para o educador. É, de fato, um desafio: não há como pensar em educação sem considerar a realidade de uma educação que acontece em rede. Refletindo sobre os pressupostos freireanos no contexto da realidade dos computadores, Gomez (2015) lembra que o professor "se move em espaços amplificados da educação, compreende linguagens múltiplas: desde a materna, a audiovisual até a informática" (Gomez, 2015, p. 1).

Em décadas passadas já existiam estudos nessa direção. Toffler (1970), nesse sentido, enxergava as mudanças sociais interligadas à educação, reforçando, então, que, para se obter a mudança no comportamento humano, seria necessário o uso de ferramentas educacionais que viabilizassem a aprendizagem e a construção do conhecimento. Embora os pensadores da época estivessem no início dessa nova conjectura social, já vislumbravam o futuro. Observamos, então, que a dinamicidade que perpassava a sociedade já evidenciava a necessidade de se trabalhar pela busca da essência do ato educativo, ou seja, no esforço para a integração da ação pedagógica em relação com os novos tempos que emergiriam. Toffler (1970, p. 324) afirmava que era preciso "estar atento quanto à educação que se pretende oferecer aos cidadãos do presente, preparando-os, no entanto, para enfrentar o futuro".

Fica clara, assim, a necessidade de interação entre o educador-educando e a dinâmica social vigente. Para esta fase social em que a tecnologia e a informação são os propulsores principais do desenvolvimento, é preciso lembrar que, no ato educativo, a preocupação não se refere apenas aos conteúdos inovadores e estratégicos, mas também aos objetivos de compreender e favorecer os processos educacionais que são desenvolvidos pelo educador-educando por meio dos recursos existentes nesses novos tempos. De acordo com Gomez (2015, p. 4), Freire já advertia sobre essa realidade:

> Desde a formação inicial do professor, é imprescindível, segundo Paulo Freire, garantir-lhes sérias reflexões sobre sua própria prática educativa e possibilitar-lhe a organização crítica e coletiva de seu tempo e espaço de trabalho, por meio de projetos pedagógicos que façam uso adequado do computador.

Considerando que **a internet e as novas tecnologias** fazem parte da rotina da maioria das pessoas, o educador não se limita a educar por meio de simples recursos tradicionais. Ele vai além; ele estabelece uma conexão entre educador-educando e a realidade. Levando em conta tais avanços, o educador não deve preocupar-se em inserir a tecnologia em seu ato educativo, afinal, a presença tecnológica e virtual já é um fato mais do que presente na vida das pessoas. O educador, na verdade, deve partir do pressuposto de que as ferramentas tecnológicas (internet, redes sociais, *blogs, vlogs, sites*, entre tantos outros) já estão inseridas no cotidiano das pessoas. É uma realidade que toma conta da sociedade atual; é uma sociedade que vive em rede. Nesse sentido, o desafio do professor é realizar uma ação pedagógica orientada para a pedagogia da virtualidade. Assim,

Do ponto de vista do projeto, a educação virtual, ou a educação via Internet, é concebida como uma opção importante para conseguir que os sujeitos aceitem o conhecimento, debatam sobre o mesmo e construam propostas condizentes com a sua realidade e seu próprio contexto, respeitando sempre a subjetividade, a cultura e o contexto dos participantes, orientando-os, dessa forma, a constituírem propostas de intervenção que lhes permitam melhorar e até transformar seu entorno social, político e educativo. (Torres; Castaneda; Aguirre, 2006, p. 191-192)

Trata-se, portanto, de utilizar as novas tecnologias na educação a fim de que o educador-educando construa, concomitantemente, propostas emancipadoras e potencializadoras no contexto em que vive. A preocupação não está no fato de simplesmente entender o que o ato educativo pode realizar pelas novas tecnologias, mas, pelo contrário, importa entender como os novos tempos e as novas tecnologias podem contribuir para uma relação dinâmica com a educação que se espera.

Segundo pesquisa realizada em 2013 pelo Instituto Brasileiro de Geografia e Estatística (IBGE), o acesso ao mundo virtual é um fato comum e real para aproximadamente metade da população brasileira. São mais de 85 milhões de brasileiros que, de alguma forma, navegaram na rede/internet naquele ano. A pesquisa ainda mostrou que existem, obviamente, muitas pessoas sem acesso ao mundo digital, mas que houve um aumento vertiginoso desse número em cinco anos, proporcionando um crescimento que ultrapassa os 50%. Essa pesquisa demonstra que as pessoas estão cada vez mais conectadas ao mundo virtual e, mesmo diante das dificuldades de exclusão que existem, têm cada vez mais acesso à rede. Por que, então, o educador não deveria considerar esses recursos tecnológicos em sua ação educacional? De fato, educar em rede constitui-se em um significativo desafio para o educador contemporâneo.

Tendo em vista, então, que a educação é um processo de intensa e necessária interação humana, o educador precisa entender que, nessa realidade, pode educar mesmo com menor possibilidade de encontros presenciais e/ou tradicionais, como os que ocorrem numa sala de aula. Assim, deve procurar desenvolver ações pedagógicas variadas a fim de educar, mesmo em rede, mesmo que fora da sala de aula. Notamos, desse modo, que educar em rede representa uma grande possibilidade para estes novos tempos, pois, de fato, a internet reduz as diferenças sociais e aproxima as pessoas de diferentes culturas e contextos.

No entanto, ainda que se trate de uma educação em rede, numa perspectiva global, o fato é que não podemos imaginar a sociedade sem professor; por isso, toda ação pedagógica deve estar a serviço de uma educação que ocorra de forma relevante, significativa e contextualizada em relação ao mundo do educando, ao seu *modus vivendi*, ao seu espaço, ao seu local, à sua região, à sua cultura; afinal, "educação e cultura têm que ser recuperadas como um vínculo estreito" (Arroyo, 2010, p. 255). Nesse sentido, o professor pretende que sua presença se vá tornando convivência, que seu estar no contexto vá virando estar com ele, é o saber do futuro como problema e não como inexorabilidade [...] O mundo não é. O mundo está sendo [...] No mundo da História, da cultura, da política, constato não para me adaptar, mas para mudar. (Freire, 1996, p. 76-77)

A ação pedagógica, portanto, tem a missão de construir uma educação que possa, numa relação dialética, buscar a transformação da sociedade, sem prejudicar a cultura. Intervir na realidade, por parte do professor, é fundamental e constitui-se em um ato complexo, instigante, gerador de novos significados no processo ensino-aprendizagem.

Capítulo quinze

O educador contribui com a transformação social

Como observa Freire (2009, p. 57), "é bem verdade que a educação não é a alavanca da transformação social, mas sem ela essa transformação não se dá". O processo educativo representa um grande desafio para os professores em nossos dias. Não é fácil, mas é possível realizar uma ação pedagógica realmente libertadora, transformadora, revolucionária, mesmo sob as dificuldades sociais que emergem e desafiam o professor em sua docência.

> Quando falo em educação como intervenção, me refiro tanto à que aspira a mudanças radicais na sociedade, no campo da economia, das relações humanas, da propriedade, do direito ao trabalho, à terra, à educação, à saúde, quanto a que, pelo contrário, reacionariamente pretende imobilizar a História e manter a ordem injusta. (Freire, 1996, p. 109)

A educação é um direito de todos e deve ser realizada para todos, não importa onde estejam essas pessoas. Seja na cidade, seja no campo, em qualquer comunidade, a educação também será para elas. Não depende de classe social, de situação social e/ou econômica, de raízes étnicas ou crenças religiosas. A educação é para todos os seres humanos e todos têm esse direito!

A educação é um meio de intervenção social, como vimos anteriormente, em que é possível potencializar a humanização, a inclusão e o fortalecimento da cultura, mudando e transformando a sociedade e as relações entre os seres humanos, pois ser professor é "reconhecer as diferenças sociais, educacionais e culturais" (Oliveira, 2009, p. 44). Nessa perspectiva, como práxis educativa, a educação tem, histórica e relevantemente, o desafio de oferecer respostas às demandas que os contextos sociais apresentam (Pimenta; Ghedin 2005).

São muitos os desafios para que o educador realize uma ação pedagógica relevante na sociedade atual. De fato, não é fácil enfrentar a realidade de nosso país: uma realidade social, que, invariavelmente, sugere um caos. Além dos problemas relacionados às drogas e à criminalidade, por exemplo, o desrespeito, a indisciplina, a falta de valores morais e éticos e a ausência da família se constituem, igualmente, em sérios desafios à educação. Os desafios ainda emergem do caos educacional que o país vivencia. O fato é que reportagens especiais na imprensa e a própria percepção da sociedade evidenciam para o descuido com a educação. Muitos professores estão desistindo!

Talvez seja por isso (e muito mais) que o educador tem sérios desafios pela frente. A ação pedagógica, mais uma vez, evidencia-se para ultrapassar os limites da sala de aula ou dos próprios ambientes escolares muitas vezes inapropriados. Tais desafios apontam para uma ação pedagógica que vai à luta, que enfrenta os problemas sociais coletivos na esperança de uma mudança.

Nesse sentido, Freire nos ajuda a entender que, mesmo sob tantas dificuldades e barreiras que se levantam contra a educação, ainda assim, há esperança – uma esperança baseada na crença de que "professor e alunos, juntos, podem aprender, ensinar, inquietar, produzir e juntos, igualmente, resistir aos obstáculos à nossa alegria" (Freire, 1996, p. 72). A esperança é inerente aos seres humanos. A esperança fortalece a luta, favorece a perseverança e a persistência.

A esperança olha para o futuro e diz que uma nova realidade é possível, basta continuar.

De fato, contemplando essa realidade, parece-nos que "mudar é difícil, mas é possível" (Freire, 1996, p. 79). Uma postura de esperança fortalece a possibilidade e a certeza de que é preciso e é possível mudar, fazendo com que as pessoas saiam do comodismo e ajam. Nessa perspectiva, a ação pedagógica dos professores ultrapassa os limites de uma tarefa, simplesmente, docente.

O educador que foi desafiado identifica o desafio e parte para a luta! Questões sociais, morais, familiares deixam de ficar da porta para fora da escola e passam a interferir diretamente no cotidiano da relação educador-educando. O professor, então, passa a ser o sujeito que olha para o educando e cuida dele, estabelecendo uma relação de afetividade e compromisso. É por isso que Freire instiga no professor a vontade de realizar um ato de amor em sua prática pedagógica. Amor, para Freire, é postura, é decisão, é ir além dos limites docentes, é agir com afeto e com comprometimento com o educando (Freire, 1996). O amor é o primeiro passo em busca da transformação.

Em Freire (1996), esse afeto é marcante e impulsiona o educador a vencer os desafios: o destino ou o fim ainda não chegaram, portanto há esperança. Amor e esperança que geram transformação. O futuro não está determinado. Há, assim, esperança de uma ação pedagógica que supere os obstáculos. Há esperança para os educadores que não desistem, sendo que, sem a esperança de um futuro melhor, não há como ser professor. A perspectiva de contribuir com outro mundo possível, com outra realidade possível, com a superação das mazelas, com a valorização e humanização das pessoas motiva o professor.

Freire instiga nos professores (e, por que não dizer, nas pessoas de modo geral) a motivação, o interesse, o compartilhar, o olhar, a sensibilidade e a compreensão da realidade em busca de uma prática mais significativa que é tão necessária no dia a dia. É preciso humanizar-se, como bem já disse Paulo Freire.

Nesse processo educacional, o aluno também é humanizado, tornando-se alvo de uma educação transformadora e cidadã, em que os diversos anseios do educador-educando são contemplados na possibilidade de uma **educação de empoderamento**. É uma educação que se estabelece na relação dialética entre educador e educando, na qual os interesses, mesmo que possivelmente antagônicos, convergem para uma necessidade e realidade comum, isto é, intervir no mundo para que se possa transformá-lo. É uma educação que leva à luta. Por isso, é preciso que o professor, "permanecendo amorosamente cumprindo o seu dever, não deixe de lutar politicamente, por seus direitos e pelo respeito à dignidade de sua tarefa, assim como pelo zelo devido ao espaço pedagógico em que atua com seus alunos" (Freire, 1996, p. 142).

De fato, "será na sua convivência com os oprimidos, sabendo-se também um deles – somente a um nível diferente de percepção da realidade –, que poderá compreender as formas de ser e comportar-se dos oprimidos, que refletem em momentos diversos, a estrutura da dominação" (Freire, 2011, p. 67).

Portanto, o professor luta contra as injustiças, contra as explorações, contra as exclusões, entre ele e o educando e entre ambos e o mundo, realizando, assim, uma ação pedagógica relevante e significativa para e com os sujeitos envolvidos no processo educacional. A intenção e a ação do professor são fundamentais, pois, assim, "diminuo a distância que me separa das condições malvadas em que vivem os explorados quando, aderindo realmente ao sonho de justiça, luto pela mudança radical do mundo" (Freire, 1996, p. 138).

Considerações finais

O melhor seria não chamar de *considerações finais*, pois é difícil delimitar o início e o fim do ato educativo. No entanto, chegamos ao final desta obra que traz uma breve reflexão sobre alguns desafios necessários ao educador contemporâneo. Destacamos alguns apontamentos com base em uma ação pedagógica que, por vezes, desafia o professor a superar seus limites, instigando-o a desempenhar atividades que não fazem parte, pelo menos teoricamente, das exigências acadêmicas para um educador. Nesse sentido, as palavras de Paulo Freire ajudam na caminhada pedagógica ao afirmar:

> Não estou pensando que educadores e educadoras devam ser santos, perfeitos. É exatamente como seres humanos, com seus valores e suas falhas, que devem testemunhar sua luta pela seriedade, pela liberdade, pela criação da indispensável disciplina de estudo de cujo processo devem fazer parte como auxiliares, pois que é tarefa dos educandos gerá-la em si mesmos. (Freire, 2009, p. 85)

Para Freire, o ser humano não está concluso; é inacabado, está em construção, está aprendendo. Dessa forma, o processo educacional, ou, ainda, a ação pedagógica de professores, nunca se findará, mas de fato se construirá e reconstruirá constantemente. Percebemos que Paulo Freire e suas concepções continuam significativos e importantes para o ato educativo na atualidade. Freire sempre foi consciente de que a educação não pode tudo, mas pode alguma coisa. A ação do educador, da mesma forma, não pode tudo, mas, igualmente, pode contribuir de alguma forma para a sociedade. É nessa perspectiva que Freire adverte os educadores da necessidade de evitarem certo otimismo ingênuo, pois, "antes de mais nada, é preciso esclarecer que o seu trabalho, a sua atividade de educador, não será suficiente para mudar o mundo [...] Mas ao mesmo tempo, é necessário reconhecer que ao fazer alguma coisa dentro do espaço da escola, você pode trazer algumas boas contribuições" (Freire; Schor, 1986, p. 213).

Foi exatamente com base nessa esperança que desenvolvemos esta obra. É por isso que ressaltamos a necessidade de que os professores sejam respeitados, dentro e fora das escolas. Realmente eles fazem um trabalho importante. Todo ser humano que um dia passou pelos bancos escolares se lembra, com admiração e saudosismo, de seus professores. Alguns oprimiram, outros libertaram. Alguns marcaram nossa vida, mudaram nossas concepções, construíram conosco o que somos e o que fazemos hoje. É por essa razão que, para Freire, a ação pedagógica "é tudo isso: afetividade, alegria, capacidade científica, domínio técnico a serviço da mudança" (Freire, 1996, p. 143) e aos professores cabe a responsabilidade de diminuir a distância entre a sala de aula e a cultura, entre o conceito e a realidade que vivenciam os alunos do país.

Os desafios que emergem para que uma ação educativa seja realizada são significativos, porém há uma luta esperançosa para que o objetivo se cumpra. Obviamente, às vezes, ocorrem falhas e dificuldades, mas há uma esperança, como bem advertia Freire. Os professores não são necessariamente os agentes principais, mas são agentes de transformação. É por isso que o professor libertador não se cala diante das injustiças sociais; afinal, é "um erro separar a dinâmica global da mudança social da nossa prática educacional" (Freire; Schor, 1986, p. 214). Ele não pode "lavar as mãos" em relação a essas questões. Assim, a educação libertadora não faz do professor um ser ausente, irresponsável; pelo contrário, a responsabilidade do educador é grande e significativa. É ele quem pode iniciar o processo educativo, dirigir o estudo – afinal, para isso foi formado.

Assumir os desafios do educador com base nos pressupostos freireanos não se resume a cultivar suas ideias; exige engajamento e comprometimento com a construção de outro mundo, um mundo transformado e liberto. A esperança, tão fortemente comentada por Freire, é algo que encontra sentido no próprio compromisso do professor: de continuar uma docência que possibilita a transformação da vida das pessoas, do mundo com as pessoas e que sonha, esperançosamente, com um mundo melhor.

Mesmo após sua morte, Paulo Freire influencia os educadores de forma positiva. Suas concepções sobre a educação continuam válidas não só porque ainda há injustiças ou ainda há oprimidos e opressores, mas porque, invariavelmente, seus pensamentos instigam a lutar com esperança, com amor, em diálogo, com respeito, com o próximo, em seu próprio contexto. Não se pode repetir Freire (afinal, ele não concordava com tal postura), mas é possível reinventá-lo, relê-lo e buscar, por meio da reflexão sobre sua postura, a adoção de uma postura correta, humilde, dialógica e transformadora.

As situações vivenciadas por professores, nas salas de aula ou fora delas, às vezes, apresentam-se de forma tão complexa que muitos professores desistem na caminhada. Discursam que a realidade é assim mesmo, não há como mudar, não há o que fazer. Infelizmente, são professores que não reconheceram que, apesar dos condicionamentos impostos pela realidade, é possível rejeitar o determinismo e, para tanto, é fundamental "reconhecer que a História é tempo de possibilidade e não de determinismo" (Freire, 1996, p. 19). O futuro pode ser diferente, basta assumir uma postura de luta hoje.

Diante dos desafios propostos, precisamos entender que a ação pedagógica de professores pode (e deve) **superar a simples docência**. De fato, deve tornar-se uma ação pedagógica que não se limita aos conceitos tecnicistas trabalhados em uma sala de aula. Trata-se, na verdade, de algo que vai muito além, superando dificuldades, transpondo limites, fortalecendo a luta, vivendo na esperança de um mundo melhor, caracterizando-se como uma ação pedagógica transformadora e significativa.

Por fim, cabe dizer que esta obra não teve a intenção de esgotar a análise dos desafios contemporâneos ao educador, tampouco de esgotar o assunto. O objetivo foi refletir sobre alguns desafios que se acentuam ainda mais no contexto brasileiro. Ainda que pretensiosamente esperamos que o livro tenha contribuído, de alguma forma, com a sociedade e com a educação no país e, com humildade e sinceridade, que auxilie na superação dos desafios que emergem cotidianamente nos caminhos do educador, favorecendo, assim, a construção de um mundo melhor e mais justo. Para o autor desta obra, a educação e o educador fazem parte dessa construção!

Referências

ALBUQUERQUE, T. de S. Gestão Paulo Freire: a ousadia de democratizar a "Educação na cidade" de São Paulo (1989-1991). In: SOUZA, A. I. **Paulo Freire**: vida e obra. São Paulo: Expressão Popular, 2010a. p. 145-184.

_____. Pedagogia da autonomia: saberes necessários à prática educativa. In: SOUZA, A. I. **Paulo Freire**: vida e obra. São Paulo: Expressão Popular, 2010b. p. 205-246.

ALMEIDA, F. J. de. **Paulo Freire**. São Paulo: Publifolha, 2009.

ALVES-MAZZOTTI, A. J.; GEWANDSZNAJDER, F. **O método nas ciências naturais e sociais**: pesquisa quantitativa e qualitativa. 2. ed. São Paulo: Pioneira, 1998.

ARAGÃO, R. M. R.; GONÇALVES, T. O. Vamos introduzir práticas de investigação narrativa no ensino de matemática? **Amazônia – Revista de Educação em Ciências e Matemáticas**, v. 1, n. 1, p. 121-128, dez. 2004.

ARROYO, M. G. Paulo Freire e o projeto popular para o Brasil. In: SOUZA, A. I. **Paulo Freire**: vida e obra. São Paulo: Expressão Popular, 2010, p. 247-258.

ARROYO, M. G.; FERNANDES, B. M. **A educação básica e o movimento social do campo**. 2. ed. Brasília, 1999. (Coleção Por uma Educação Básica do Campo).

BERTOLINI, M. A. A. Sobre educação: diálogos. In: SOUZA, A. I. **Paulo Freire**: vida e obra. São Paulo: Expressão Popular, 2010. p. 127-143.

BÍBLIA SAGRADA. Português. **Bíblia de estudo ARA**. Tradução de João Ferreira de Almeida. Barueri: Sociedade Bíblica do Brasil, 2006.

_____. Português. **Bíblia de estudo NTLH**. Tradução de Nova Linguagem de Hoje. Barueri: Sociedade Bíblica do Brasil, 2005.

BLANCO, P. P. O bê-á-bá da escassez. **O Liberal**, Belém, 28 jun. 2009a. Encarte técnico, caderno especial, p. 365.

_____. Saída é a formação. **O Liberal**, Belém, 28 jun. 2009b. Encarte técnico, caderno especial, p. 372.

BOGDAN, R.; BIKLEN, S. **Investigação qualitativa em educação**: uma introdução à teoria e aos métodos. Porto: Porto, 1994.

BRAGA, L. do A. Práticas docentes no ambiente da sala de aula. In: OLIVEIRA, I. A. de; TEIXEIRA, E. **Referências** para pensar aspectos da educação na Amazônia. Belém: Eduepa, 2004. p. 34-59.

BRANDÃO, C. R. Cultura Popular. In: STRECK, D. R.; REDIN, E.;ZITKOSKI, J. J. (Org.). **Dicionário Paulo Freire**. 2. ed. Belo Horizonte: Autêntica, 2010a. p. 98-107.

____. Hoje, tantos anos depois. In: SOUZA, A. I. **Paulo Freire:** vida e obra. São Paulo: Expressão Popular, 2010b. p. 7-19.

____. **O que é o método Paulo Freire**. São Paulo: Brasiliense, 2005.

BRITO, M. A. R. de B. **Educação matemática, cultura amazônica e prática pedagógica**: à margem de um rio. 112 f. Dissertação (Mestrado em Educação em Ciências e Matemática) – Universidade Federal do Pará, Belém, 2008.

CAMPOS, A. M. de; PACHANE, G. G. Diálogos com quem ousa educar, educando-se: a formação de educadores a partir de uma experiência de educação popular. In: REUNIÃO ANUAL DA ASSOCIAÇÃO NACIONAL DE PÓS-GRADUAÇÃO E PESQUISA EM EDUCAÇÃO, 32., 2009, Caxambu. **Anais**... Caxambu, Anped, 2009. Disponível em: <http://32reuniao.anped.org.br/arquivos/trabalhos/ GT06-5341 Int.pdf>. Acesso em: 12 jul. 2015.

CAMPOS, M. M. Para que serve a pesquisa em educação? **Cadernos de Pesquisa**, v. 39, n. 136, p. 269-283, jan./abr. 2009.

CARVALHO, M. C. M. **Construindo o saber** – metodologia científica: fundamentos e técnicas. 6. ed. Campinas: Papirus, 1997.

CONTRERAS, J. **A autonomia de professores**. São Paulo: Cortez, 2002.

DALBEN, A. I. L. de F. et al (Org.). **Convergências e tensões no campo da formação e do trabalho docente**. Belo Horizonte: Autêntica, 2010.

DIEGUES, A. C. S. **Biodiversidade e comunidades tradicionais no Brasil**. São Paulo: Nupaub/USP/Probio/MMA/CNPq, 2000. Disponível em: <http://www.mma.gov.br/estruturas/chm/_arquivos/saberes.pdf>. Acesso em: 12 jul. 2015.

FREIRE, P. **Ação cultural para a liberdade**. 6. ed. Rio de Janeiro: Paz e Terra, 1982.

_____. **A educação na cidade**. Rio de Janeiro: Paz e Terra, 1991.

_____. **A importância do ato de ler**: em três artigos que se completam. 23. ed. São Paulo: Autores Associados; Cortez, 1989. (Coleção Polêmicas do nosso Tempo, v. 4)

_____. Carta de Paulo Freire aos professores. **Estudos Avançados**, v. 15, n. 42, p. 259-268, maio/ago. 2001a. Disponível em: <http://www.scielo.br/scielo.php?script=sci_arttext&pid=S0103-40142001000200013>. Acesso em: 11 jul. 2015.

_____. **Educação como prática da liberdade**. 24. ed. Rio de Janeiro: Paz e Terra, 2000a.

_____. **Educação e mudança**. Rio de Janeiro: Paz e Terra, 1981.

_____. **História das ideias pedagógicas**. 2. ed. São Paulo: Ática, 1994a.

_____. Paulo Freire: pedagogia do oprimido 30 anos depois. Entrevista concedida a Dagmar Zibas. **Cadernos de Pesquisa**, São Paulo, n. 88, p. 78-80, fev. 1994b.

FREIRE, P. **Pedagogia da autonomia**: saberes necessários à prática educativa. Rio de Janeiro: Paz e Terra, 1996.

_____. **Pedagogia da esperança**: um reencontro com a pedagogia do oprimido. 7. ed. Rio de Janeiro: Paz e Terra, 2000b.

_____. **Pedagogia do oprimido**. 50. ed. rev. e atual. Rio de Janeiro: Paz e Terra, 2011.

_____. **Pedagogia dos sonhos possíveis**. Organização e notas de Ana Maria Araújo Freire. São Paulo: Unesp, 2001b.

_____. **Política e educação**. 4. ed. São Paulo: Cortez, 2000c.

_____. **Professora sim, tia não**: cartas a quem ousa ensinar. São Paulo: Olho D'água, 2009.

FREIRE, P.; SCHOR, I. **Medo e ousadia**. O cotidiano do professor. Rio de Janeiro: Paz e Terra, 1986.

GADOTTI, M. **A escola e o professor**: Paulo Freire e a paixão de ensinar. São Paulo: Publisher, 2007.

_____. **Concepção dialética da educação**: um estudo introdutório. São Paulo: Cortez, 2006.

GARCIA, M. M. A. Didática e trabalho ético na formação docente. **Cad. Pesquisa**. v. 39, n. 136, p. 225-242, jan./abr. 2009. Disponível em: <http://www.scielo.br/scielo.php?script=sci_arttext&pid=S0100-15742009000100011>. Acesso em: 11 jul. 2015.

GATTI, B. A. **A construção da pesquisa em educação no Brasil**. Brasília: Plano, 2002.

GERONE JUNIOR, Acyr. **Paulo Freire e ação pedagógica de professores ribeirinhos da Amazônia**: um estudo de caso do Projeto Escola Açaí. Saarbrucken, Alemanha: Novas Edições Acadêmicas, 2014.

GHEDIN, E.; FRANCO, M. A. S. **Questões de método na construção da pesquisa em educação**. São Paulo: Cortez, 2008.

GOMEZ, M. V. **Paulo Freire**: releitura para uma teoria da informação na educação. Disponível em: <http://www.usp.br/nce/wcp/arq/textos/144.pdf>. Acesso em: 11 jul. 2015.

GRESSLER, L. A. **Introdução à pesquisa**: projetos e relatórios. 2. ed. rev. e atual. São Paulo: Loyola, 2004.

HAGE, S. A. M. Por uma educação do campo na Amazônia: currículo e diversidade cultural em debate. In: CORRÊA, P. S. A. (Org.). **A educação, o currículo e a formação de professores**. Belém: Edufpa, 2006. p. 149-170.

HAGE, S. A. M.; MOTA NETO, J. C. da; OLIVEIRA, I. A. de. A presença de Paulo Freire nos grupos de pesquisa do CNPq. **Revista e-curriculum**, São Paulo, v. 7, n. 3, dez. 2011. Disponível em: <http://revistas.pucsp.br/index.php/curriculum/article/download/7601/5570>. Acesso em: 11 jul. 2015.

HAGUETTE, T. M. F. **Metodologias qualitativas na Sociologia**. Petrópolis: Vozes, 1987.

HYPÓLITO, A. L. M. **Processo de trabalho docente**: uma análise a partir das relações de classe e gênero. Dissertação (Mestrado em Educação) – Universidade Federal de Minas Gerais, Belo Horizonte, 1994.

INÊS SOUZA, A. **Paulo Freire**: vida e obra. São Paulo: Expressão Popular, 2010.

JOSSO, M. C. **Experiências de vida e formação**. São Paulo: Cortez, 2004.

KAVAYA, M.; GHIGGI, G. Profetismo freireano como categoria de leitura do autoritarismo pedagógico da África. In: REUNIÃO ANUAL DA ASSOCIAÇÃO NACIONAL DE PÓS-GRADUAÇÃO E PESQUISA EM EDUCAÇÃO, 32., 2009, Caxambu. Anais... Caxambu, 2009. Disponível em: <http://32reuniao.anped.org.br/arquivos/trabalhos/GT06-5107 Int.pdf>. Acesso em: 12 jul. 2015.

KOSIK, K. A dialética do concreto. 4. ed. Rio de Janeiro: Paz e Terra, 1976.

LAVILLE, C.; DIONNE, J. A construção do saber: manual de metodologia da pesquisa em Ciências Humanas. Adaptado por Lana Mara Siman. Porto Alegre: Artmed; Belo Horizonte: Ed. da UFMG, 1999.

LUDKE, M.; ANDRÉ, M. Pesquisa em educação: abordagem qualitativa. São Paulo: EPU, 1986.

MINAYO, M. C. de S. Ciência, técnica e arte: o desafio da pesquisa social. In: ____ (Org.). Pesquisa social: teoria, método e criatividade. 18. ed. Petrópolis: Vozes, 2001. p. 9-30.

MOREIRA, A. F. B. Propostas curriculares alternativas: limites e avanços. Educação & Sociedade, Campinas, ano XXI, n. 73, p. 109-138, 2000.

MOURA, P. G. M. de. Novas formas de organização e participação. In: ULBRA – Universidade Luterana do Brasil (Org.). Sociedade e contemporaneidade. Curitiba: Ibpex, 2007. p. 67-84.

NERY, M. C. R. Um olhar integrado sobre a sociedade contemporânea. In: Sociedade e contemporaneidade. Org. Ulbra. Curitiba: Ibpex, 2007.

NÓVOA. A. **Formação de professores e profissão docente**. 1992. Disponível em: <http://core.ac.uk/download/pdf/12424596.pdf>. Acesso em: 11 jul. 2015.

NUNES, C. do S. C. Definindo os sentidos da formação contínua de professores. In: OLIVEIRA, I. A. de; TEIXEIRA, E. **Referências para pensar aspectos da educação na Amazônia**. Belém: Eduepa, 2004. p. 52-101.

OLIVEIRA, D. A. As reformas educacionais e suas repercussões sobre o trabalho docente. In: OLIVEIRA, D. A. (Org.). **Reformas educacionais na América Latina e os trabalhadores docentes**. Belo Horizonte: Autêntica, 2003. p. 13-38.

OLIVEIRA, I. A. **Filosofia da educação**: reflexões e debates. Petrópolis: Vozes, 2006.

_____. **Leituras freireanas sobre educação**. São Paulo: Ed. da Unesp, 2003.

_____. (Org.). **Caderno de Atividades Pedagógicas em Educação Popular**: relatos de pesquisa e de experiências dos grupos de estudos e trabalhos. Belém: Eduepa, 2009.

_____. (Org.). **Cartografias de saberes**: representações sobre religiosidade em práticas educativas populares. Belém: Eduepa, 2008a.

_____. (Org.). **Cartografias ribeirinhas**: saberes e representações sobre práticas de alfabetizandos amazônidas. Belém: Eduepa, 2008b.

OLIVEIRA, I. A. de; SANTOS, T. R. L. dos. A cultura amazônica em práticas pedagógicas de educadores populares. In: REUNIÃO ANUAL DA ASSOCIAÇÃO NACIONAL DE PÓS-GRADUAÇÃO E PESQUISA EM EDUCAÇÃO, 30.,

2007, Caxambu. **Anais...** Caxambu, 2007. Disponível em: <http://30reuniao.anped.org.br/trabalhos/GT06-3039 Int. pdf>. Acesso em: 12 jul. 2015.

_____. Painel: pesquisas sobre educação freireana com crianças na Amazônia. Educação do campo na Amazônia: um olhar freireano para práticas educacionais com crianças. In: SEMINÁRIO DE GRUPOS DE PESQUISA SOBRE CRIANÇAS E INFÂNCIAS: PERSPECTIVAS METODOLÓGICAS, 2., Rio de Janeiro, 2010a. Disponível em: <http://paginas.uepa.br/seer/index.php/cocar/article/download/109/87>. Acesso em: 2 nov. 2015.

_____. Painel: pesquisas sobre educação freireana com crianças na Amazônia. Educação filosófica com crianças. In: SEMINÁRIO DE GRUPOS DE PESQUISA SOBRE CRIANÇAS E INFÂNCIAS: PERSPECTIVAS METODOLÓGICAS, 2., Rio de Janeiro, 2010b.

_____. Painel: pesquisas sobre educação freireana com crianças na Amazônia. Educação popular com crianças em ambientes hospitalares: prática de inclusão social. In: SEMINÁRIO DE GRUPOS DE PESQUISA SOBRE CRIANÇAS E INFÂNCIAS: PERSPECTIVAS METODOLÓGICAS, 2., Rio de Janeiro, 2010c.

OLIVEIRA, I. A. de; TEIXEIRA, E. **Referências para pensar aspectos da educação na Amazônia.** Belém: Eduepa, 2004.

OLIVEIRA, P. C. de, CARVALHO; P. de. A intencionalidade da consciência no processo educativo segundo Paulo Freire. **Paideia**, Ribeirão Preto, v. 17, n. 37, p. 219-230, maio/ago.

2007. Disponível em: <http://www.scielo.br/pdf/paideia/v17n37/a06v17n37.pdf>. Acesso em: 11 jul. 2015.

OLIVEIRA, S. L. de. **Tratado de metodologia científica**: projetos de pesquisa, TGI, TCC, monografias, dissertação e teses. São Paulo: Pioneira, 1997.

PÁDUA, E. M. M. de. **Metodologia da pesquisa**: Abordagem teórico-prática. 6. ed. rev. e ampl. Campinas: Papirus, 2000.

PAVAN, R. A contribuição de Paulo Freire para a educação popular: uma análise do GT de educação popular da ANPED. In: REUNIÃO ANUAL DA ASSOCIAÇÃO NACIONAL DE PÓS-GRADUAÇÃO E PESQUISA EM EDUCAÇÃO, 31., 2008, Caxambu. **Anais**... Caxambu, 2008. Disponível em: <http://31reuniao.anped.org.br/1trabalho/GT06-4007 Int.pdf>. Acesso em: 11 jul. 2015.

PIMENTA, S. G.; GHEDIN, E. (Org.). **Professor reflexivo no Brasil**: gênese e crítica de um conceito. 3. ed. São Paulo: Cortez, 2005.

RIBEIRO, M. Trabalho e educação no movimento camponês: liberdade ou emancipação? **Revista Brasileira de Educação**, Rio de Janeiro, v. 14, n. 42, p. 423-439, dez. 2009. Disponível em: <http://www.scielo.br/scielo.php?script=sci_arttext&pid=S1413-24782009000300003&lng=pt&nrm=iso>. Acesso em: 11 jul. 2015.

_____. Pedagogia da alternância na educação rural/do campo: projetos em disputa. **Educação e Pesquisa**, São Paulo, v. 34, n. 1, p. 27-45, abr. 2008. Disponível em: <http://www.scielo.br/scielo.php?script=sci_arttext&pid=S1517-97022008000100003&lng=pt&nrm=iso>. Acesso em: 11 jul. 2015.

SCHNORR, G. M. Pedagogia do oprimido. In: SOUZA, A. I. **Paulo Freire**: vida e obra. São Paulo: Expressão Popular, 2010. p. 67-95.

SOARES, M. G. **Para uma cartografia lúdica da Amazônia**. Belém: Eduepa, 2010.

SOUZA, A. I. **Paulo Freire**: vida e obra. São Paulo: Expressão Popular, 2010.

SOUZA, D. V. S. **Currículo e saberes culturais dos discentes ribeirinhos do curso de Pedagogia das Águas de Abaetetuba-Pará**. 244 f. Dissertação (Mestrado em Educação) – Universidade Federal do Pará, Belém, 2011.

SOUZA, J. F. **Atualidade de Paulo Freire**: contribuição ao debate sobre a educação na diversidade cultural. São Paulo: Cortez, 2002.

THOMPSON, P. **A voz do passado**: história oral. Rio de Janeiro: Paz e Terra, 1992.

TOFFLER, A. **Choque do futuro**. Lisboa: Edição Livros do Brasil, 1970.

TORRES, R. R.; CASTANEDA, M. M.; AGUIRRE, M. del S. O. Educação em rede: uma visão emancipadora. **Revista Brasileira de Educação**, Rio de Janeiro, v. 11, n. 31, p. 191-193, abr. 2006. Resenha. Disponível em: <http://www.scielo.br/scielo.php?script=sci_arttext&pid=S1413--24782006000100015&lng=en&nrm=iso>. Acesso em: 11 jul. 2015.

VALOURA, L. D. **Paulo Freire, o educador brasileiro autor do termo empoderamento, em seu sentido transformado**. Programa Comunicarte de Residência Social

UFMG 2005/2006. Disponível em: <http://tupi.fisica. ufmg.br/michel/docs/Artigos_e_textos/Comportamento_ organizacional/empowerment_por_paulo_freire.pdf>. Acesso em: 28 jul. 2015.

VASCONCELOS, M. L. M. C.; BRITO, R. H. P. de B. **Conceitos de educação em Paulo Freire**. Petrópolis, Rio de Janeiro: Vozes, 2009.

VENDRAMINI, C. R. Educação e trabalho: reflexões em torno dos movimentos sociais do campo. **Cadernos Cedes**, Campinas, v. 27, n. 72, p. 121-135, ago. 2007. Disponível em: <http://www.scielo.br/scielo.php?script=sci_arttext&pid=S0101-326 22007000200002&lng=pt&nrm=iso>. Acesso em: 11 jul. 2015.

WACHOWICZ, L. A. A dialética na pesquisa em educação. **Revista Diálogo Educacional**, v. 2, n. 3, p. 171-181, jan./jun. 2001.

ZANETTI, M. A. Pedagogia da esperança: reflexões sobre o reencontro com a pedagogia do oprimido. In: SOUZA, A. I. **Paulo Freire**: vida e obra. São Paulo: Expressão Popular, 2010, p. 185-204.

Sobre o autor

Acyr de Gerone Junior

Bacharel em Teologia pelo Seminário Teológico Betânia de Curitiba e pela Pontifícia Universidade Católica do Paraná (PUC-PR). MBA em Gestão Empresarial pela Fundação Getulio Vargas (FGV) e em Propaganda, Marketing e Comunicação Integrada pela Universidade Estácio, no Rio de Janeiro (RJ). Pós-graduado em Projetos Sociais no Terceiro Setor pela Faculdade Teológica Batista do Paraná (FTBP) e em Ciências da Religião pela Faculdade Entre Rios de Piauí (Faerpi). Mestre em Educação pela Universidade Federal do Pará (UFPA). Doutorando em Teologia pela Pontifícia Universidade Católica do Rio de Janeiro (PUC-Rio). Membro da Academia Evangélica de Letras do Brasil. Autor de três livros: *Paulo Freire e ação pedagógica de professores ribeirinhos da Amazônia: um estudo de caso do Projeto Escola Açaí*; *Missão que transforma: a evangelização integral na Bíblia*; e *Teologia das cidades*. Palestrante e autor de artigos sobre teologia e educação. Secretário da Regional da Sociedade Bíblica do Brasil (SBB) no Rio de Janeiro.

Os papéis utilizados neste livro, certificados por instituições ambientais competentes, são recicláveis, provenientes de fontes renováveis e, portanto, um meio sustentável e natural de informação e conhecimento.

FSC
www.fsc.org
MISTO
Papel produzido a partir de fontes responsáveis
FSC® C023626

Impressão: Log&Print Gráfica e Logística S.A.
Março/2019